Vietnam fürs Handgepäck

Vietnam
fürs Handgepäck

Herausgegeben von Alice Grünfelder

Übersetzungen von Andrea Alvermann,
Dietmar Erdmann, Günter Giesenfeld, Georg Goyert,
Brigitte Große, Monika Heyder, Michael Kleeberg,
Petra Mecklenburg, Marianne Ngo, Werner Peterich,
Andreas Pham, Pham Nhu Anh, Pham Thi Hoai
und Heinz Riedt

Unionsverlag

Im Internet
Aktuelle Informationen,
Dokumente, Materialien
www.unionsverlag.com

Unionsverlag Taschenbuch 574

Rieterstrasse 18, CH-8027 Zürich
Telefon +41-44-283 20 00, Fax +41-44-283 20 01
mail@unionsverlag.ch

Verwendung der Karte auf der Umschlaginnenseite mit freundlicher Genehmigung von map.solutions GmbH, Karlsruhe
Reihengestaltung: Heinz Unternährer
Umschlaggestaltung: Martina Heuer, Zürich
Umschlagfoto: Luciano Mortula
Druck und Bindung: CPI – Clausen & Bosse, Leck
ISBN 978-3-293-20574-1
2. Auflage, März 2015

Inhalt

Die doppelte Stadt – Erinnerung ans koloniale Saigon

Marguerite Duras

Es war eine große Stadt von hunderttausend Einwohnern, die sich an beiden Ufern eines schönen und breiten Flusses ausdehnte.

Wie alle Kolonialstädte bestand auch sie aus zwei Städten; der weißen Stadt und der anderen. Die weiße Stadt hatte ihre besonderen Unterschiede. Die Peripherie der Oberstadt mit den Villen und Etagenhäusern war weit und luftig, hatte aber etwas Profanes. Das Zentrum, das von allen Seiten von der Masse der Stadt bedrängt wurde, stieß jedes Jahr höhere Häuser in den Himmel. Dort standen nicht die Paläste der Gouverneure, welche die offizielle Gewalt verkörperten, sondern die Häuser der Priester dieses Mekkas, der Finanzleute mit ihrer weitgreifenden Macht.

Die weißen Viertel aller Kolonialstädte der Welt waren in jenen Jahren von tadelloser Sauberkeit. Aber nicht nur die Städte, auch die Weißen waren sauber. Sobald sie ankamen, lernten sie jeden Tag baden, wie man kleine Kinder täglich badet, und trugen die Uniform der Kolonien, den weißen Anzug, die Farbe der Immunität und Unschuld. Damit war der erste Schritt getan. Der Abstand wurde schnell größer, der erste Unterschied, Weiß auf Weiß, vervielfachte sich zwischen ihnen und den andern, die sich mit dem Regen des Himmels und dem schlammigen Wasser der Ströme und Flüsse säuberten. Weiß wird so leicht schmutzig.

Von einem Tag zum andern entdeckten die Weißen, dass sie weißer waren als je, gebadet, neu, im Schatten ihrer Villen Siesta haltend, große wilde Tiere mit empfindlichem Fell.

In der Oberstadt wohnten nur die Reichen, die es zu Geld gebracht hatten. Um das übermenschliche Maß der Schritte der Weißen zu kennzeichnen, waren die Straßen und Trottoirs der Oberstadt breit und geräumig. Eine nutzlose, orgiastische Raumverschwendung bot sich den lässigen Schritten der Mächtigen in ihrer Ruhe dar. Und durch die Avenuen glitten ihre Autos mit den schweren Reifen, schwebten sozusagen dahin in eindrucksvoller Halbstille.

Alles war asphaltiert, breit, mit Trottoirs, die von seltenen Bäumen gesäumt und in zwei Teile geteilt wurden durch Rasenflächen und Blumenbeete, an denen die rötlichen Reihen der schnittigen Taxen standen. Mehrere Male täglich gesprengt, grün und blühend, waren diese Straßen genau so in Ordnung wie die Alleen eines großen zoologischen Gartens, in dem die seltenen Gattungen der Weißen sich selbst bewachten. Das Zentrum der Oberstadt war ihr wahres Heiligtum. Hier dehnten sich im Schatten der Tamarindenbäume die ungeheuren Terrassen ihrer Cafés. Hier waren sie abends für sich allein. Nur die Kellner waren Eingeborene, aber sie waren als Weiße verkleidet. Sie trugen Smokings, und die Palmen auf den Terrassen waren in große Kübel gepflanzt. Bis spät in die Nacht konnte man hinter den Palmen in den Kübeln und den Kellnern im Smoking die Weißen in Rohrsesseln liegen sehen. Sie schlürften Absinth, Whisky-Soda oder Martel-Perrier und sorgten so dafür, dass ihre Leber mit allem anderen in der Kolonie in Einklang kam.

Die funkelnden Autos, die herrlichen Schaufenster, der besprengte Fahrdamm, das leuchtende Weiß der Kleider, die rieselnde Frische der Blumenbeete machten aus dem Viertel ein zauberhaftes Freudenhaus, in dem sich die weiße Rasse in ungetrübtem Frieden das heilige Schauspiel ihrer eigenen Gegenwart geben konnte. Die Läden dieser Straße, Modesalons, Parfümerien, Läden mit amerikanischen Tabaken, verkauften nichts Nützliches. Selbst das Geld durfte hier keinen Zweck haben. Der Reichtum durfte die Weißen nicht bedrücken. Alles war hier Vornehmheit.

Das war die große Zeit. Hunderttausende von eingeborenen Arbeitern zapften die Bäume von hunderttausend Hektar roter Erde an, schufteten sich blutig, wenn sie die Bäume der hunderttausend Hektar des Landes öffneten, das schon rotes Land hieß, bevor es der Besitz von ein paar Hundert weißen Pflanzern wurde, die so ungeheure Vermögen besaßen. Der Kautschuk floss. Das Blut floss. Aber nur der Kautschuk war wertvoll, wurde gesammelt, immer wieder gesammelt und brachte Geld. Das Blut verrann, ging verloren. Noch dachte niemand daran, dass eines Tages andere aufstehen würden, den Preis dafür zu verlangen.

Die Straßenbahn mied die Oberstadt. Straßenbahnen wären in diesem Stadtviertel auch ganz zwecklos gewesen, denn jeder fuhr hier in seinem eigenen Auto. Nur die Eingeborenen und der weiße Pöbel in der Unterstadt benutzten die Straßenbahn, deren Schienen die Grenze gegen das Paradies der Oberstadt bildeten. Sie verliefen aus hygienischen Gründen so, dass die einzelnen Stationen mindestens zwei Kilometer vom Zentrum der Oberstadt entfernt waren.

Wenn man diese überfüllten Straßenbahnen sah, die, weiß von Staub, unter einer schwindelerregenden Sonne mit donnerähnlichem Getöse dahinkrochen wie ein Todkranker, konnte man sich eine Vorstellung von der andern Stadt machen, die nicht weiß war. Ausrangierte Wagen des Mutterlandes, zur Verwendung in kühleren Breiten gebaut, waren ausgebessert und in den Kolonien eingesetzt worden. Der einheimische Wagenführer zog frühmorgens seine Uniform an, riss sie sich gegen zehn Uhr vom Leib, legte sie neben sich und beendete immer wieder seine Dienststunden nackt und schweißtriefend, infolge einer großen Schale Tee, die er an jeder Haltestelle leerte. Den Tee trank er, um zu schwitzen, und um des erfrischenden Luftzugs teilhaftig zu werden, hatte er gleich bei Dienstantritt alle Scheiben des Führerstandes kaltblütig eingeschlagen. Das mussten übrigens auch die Fahrgäste im Innern des Wagens tun, wenn sie ihn lebendig verlassen wollten. Nachdem diese Vorsichtsmaßnahmen getroffen waren, funktionierten die Straßenbahnen. Zahlreich und immer besetzt, waren sie das sichtbarste Symbol für den Aufschwung der Kolonie. Die Entwicklung der Eingeborenenzone und der Umstand, dass sie immer weiter zurückwich, erklärten den unglaublichen Erfolg dieser Einrichtung. Kein Weißer, der dieses Namens würdig war, hätte sich in eine dieser Straßenbahnen gewagt, denn wäre er gesehen worden, er hätte sein Ansehen, sein koloniales Ansehen verloren.

In den Bezirk zwischen der Oberstadt und den Eingeborenenvororten waren die Weißen, die unwürdigen Kolonisten, verbannt, die es nicht zu Geld gebracht hatten. Hier kannten die Straßen keine Bäume. Auch keine Rasenflächen. Die Prachtläden waren durch Trödlereien ersetzt. Die Straßen wurden nur einmal in der Woche besprengt. Sie wimmelten von fröhlichen, schreienden Kindern und Straßenhändlern, die sich in dem glühend heißen Staub die Lunge aus dem Hals schrien.

Das Central-Hotel, in dem die Mutter, Susanne und Joseph abstiegen, lag in diesem Bezirk, in der ersten Etage eines halbkreisförmigen Gebäudes, das teils auf den Fluss, teils auf die Geleise der Ringbahn hinausging und in dessen Erdgeschoss sich Restaurants mit Einheitspreisen, Opium-Rauchstuben und chinesische Gewürzläden befanden.

Das Hotel hatte eine gewisse Zahl von Dauergästen, Handelsreisende, zwei Dirnen, die sich auf eigene Kosten eingerichtet hatten, eine Näherin und eine ganze Reihe kleiner Zoll- und Postbeamten. Die andern Gäste des Hotels waren Beamte auf der Fahrt nach Hause, Jäger, Pflanzer und, bei Ankunft des Postschiffs, Marineoffiziere, vor allem aber Dirnen jeder Nationalität, die eine längere oder kürzere Zeit im Hotel verbrachten, bis sie in einem der Bordelle der Oberstadt oder in einem der vielen Bordelle am Hafen unterkamen, in die sich in regelmäßigen Fluten alle Mannschaften der Pazifiklinien ergossen.

Stadt der verborgenen Tragödien

Oriana Fallaci

Weißt du, ich habe oft ein brennendes Verlangen, wieder nach Saigon zurückzukehren. Aber nicht in das Saigon, das ich während und nach der Tet-Offensive kennenlernte, im Februar und im März 1968, sondern in das meiner ersten Reise, verstehst du. Und von den grünen Palmen träume ich, den Straßen voller spitzer Hüte, den Militär-Lkws, den Rikschas, der drückenden Hitze, die dich einlullt in geheimnisvolle Mattigkeit und wiedererlangte Weisheit. Saigon steckt wie ein Messer in meinem Leben. Vielleicht weil im Angesicht des Todes jede Stunde, jedes Ding, jedes Gefühl kostbar wird, das Essen besser, die Freundschaft stärker, die Liebe tiefer, die Fröhlichkeit fröhlicher ist. Aber in meinen Heimwehträumen, die mich dorthin zurückversetzen, steht zuallererst die Erinnerung an jene Nacht, als ich von Dak To gekommen war. Ich habe mir oft das Warum zu erklären versucht. In der Nacht geschah nichts Außergewöhnliches. Ich ging ins Hotel, zog die Uniform aus, badete, ging ins Bett und schlief sofort ein. Doch da war etwas, abgesehen von der Erleichterung, mich an fast sicherem Ort zu befinden, in einer bequemen Wanne baden zu können, in sauberer Bettwäsche schlafen zu können, da war, dass ich die Uniform auszog und wegwarf. Ich sehe sie noch am Boden liegen, feucht, übel riechend, verdreckt. Und ich fühle jetzt noch, wie froh ich war, als ich sie ausgezogen und weggeworfen hatte. Weißt du, es war gerade so, als würde man sich mit diesem Hemd und diesen Hosen auch den Abscheu, den Schrecken, den Schmerz vom Leib reißen. In der Folgezeit zog ich sie dann noch andere Male an. Und andere Male, mit Hass, wieder aus. Aber ein derartiges Gefühl wiederholte sich nie wieder, auch nicht eine derartige Gewissheit, dass Uniformen zum Wegwerfen sind und alles Übel auf der Welt überwiegend von ihnen herrührt.

Und schließlich die Tage nach jener Nacht. Auch sie tragen zu meinem Heimweh bei. Die Sabotageakte, die Monate vorher die Stadt erschüttert hatten, waren vorbei, die Kämpfe, die sie Monate nachher in ein Schlachtfeld verwandeln würden, waren noch nicht ausgebrochen. In der Zeit konntest du durch die Straßen gehen, ohne Angst zu haben, von einer Gewehrsalve getroffen oder von einer Clymore in die Luft gejagt zu werden. Wenn du nicht gerade arm warst, führtest du ein fast normales Leben. Sonntagmorgens Wasserski auf dem Fluss oder auf den Kanälen, sonntagnachmittags die Reitbahn, um Traber oder Galopper zu sehen. Bei Tag konntest du am Schwimmbad des Club Nautique und abends in den Restaurants essen, denn Ausgangssperre war erst ganz spät. Die Restaurants boten ein hervorragendes und reichliches Menü, etliche hatten sogar ein kleines Orchester. Auch Tanzlokale gab es, die Nightclubs. Von meinem Hotelfenster in Tu Do, der ehemaligen rue Catinat, konntest du schon in der Dämmerung ihre Lichtreklamen flimmern sehen, und bei Einfallen der Dunkelheit drängte sich auf den Bürgersteigen eine fast unbekümmerte Menschenmenge, Verliebte, die spazieren gingen, Prostituierte im Minirock, Ausländer, Zuhälter. Freilich gingen um Mitternacht auch in Tu Do die Lichter aus. Die Bürgersteige leerten sich, und die eingetretene Stille wurde nur unterbrochen von den Jeeps der Militärpolizei oder vom Grollen eines Bombenangriffs in weiter Ferne. Und am Morgen fing alles wieder ohne Probleme an, ungläubig gingst du an den Juweliergeschäften vorbei, die von Gold und Elfenbein und Silber strotzten, an den Schneiderläden, wo du binnen vierundzwanzig Stunden eine Maßkleidung bekamst, an den Friseurläden, die jeden Kosmetikartikel hatten. Und nie und nirgends etwas Unheildrohendes. Hie und da kam ein Leichenzug vorüber; wenn du in jenen Tagen in Saigon starbst, richteten sie noch einen Leichenzug für dich aus. Ein vietnamesischer Leichenzug aber ist das farbigste Schauspiel der Welt. Der Verstorbene liegt auf einem Wagen, der mit Luftschlangen geschmückt ist und bunten Drachen, die Angehörigen geben ihm ohne Tränen das Geleit und in weißer Kleidung, Musiker eskortieren ihn trommelschlagend, um die bösen Geister zu vertreiben. Du sahst hin wie auf einen Karnevalszug, und deine Augen nahmen keine Tragödie wahr. Die Tragödie lag tiefer, verborgen in den Herzen des gedemütigten Volkes, wohlverschlossen in den Gefängnissen, wo die Vietcong umgebracht oder gefoltert wurden, und du musstest schon hineingehen in diese Gefängnisse und diese Menschen kennenlernen wie Nguyen Van Sam, den Terroristen, um die Tragödie mit Händen zu greifen.

Chaotische Friedenszeit

Kim Thuy

Als die Kommunisten in Saigon einmarschierten, überließ meine Familie ihnen die Hälfte unseres Besitzes, denn wir waren verwundbar geworden. Eine Backsteinwand wurde im Haus errichtet, um zwei Adressen zu schaffen: eine für uns und eine für das Polizeirevier des Viertels.

Ein Jahr später kamen die Vertreter der neuen kommunistischen Regierung zurück, um die andere Hälfte des Hauses zu räumen: uns. Ohne Ankündigung, ohne Bekanntmachung, ohne Grund drangen Inspekteure in unseren Hof ein und forderten alle Anwesenden auf, sich im Salon zu versammeln. Meine Eltern waren nicht da, also warteten sie, saßen mit kerzengeradem Rücken auf der Kante der Art-déco-Fauteuils und berührten nicht einmal die mit zarten Stickereien übersäten Quadrate aus weißem Leinen, die die Armlehnen zierten. Meine Mutter tauchte als Erste hinter der Scheibe der schmiedeeisernen Tür auf. Sie hatte ihren plissierten weißen Minirock und Laufschuhe an. Mein Vater hinter ihr hielt die Tennisschläger, das Gesicht noch verschwitzt. Der überraschende Auftritt der Inspekteure katapultierte uns in die Gegenwart, während wir noch die letzten Momente der Vergangenheit genossen. Alle Erwachsenen des Hauses mussten im Salon bleiben, und die Inspekteure machten Inventur.

Wir Kinder durften ihnen folgen, von einer Etage zur

nächsten, von einem Zimmer ins andere. Sie versiegelten Kommoden, Schränke, Frisiertische und Tresore. Sie versiegelten sogar den großen Schrank mit den Büstenhaltern meiner Großmutter und ihrer sechs Töchter – ohne eine Beschreibung des Inhalts. Ich vermutete erst, dem jungen Inspekteur sei die Vorstellung von all diesen Mädchen, die da mit ihren runden, in zarte, aus Paris importierte Spitze gehüllten Brüsten im Salon saßen, allzu peinlich. Ich dachte auch, er ließe das Blatt leer, weil sein Begehren so stark war, dass er den Schrankinhalt nicht beschreiben konnte, ohne zu zittern. Doch das war ein Irrtum: Er wusste gar nicht, wozu die Büstenhalter dienten. In seinen Augen ähnelten sie dem Kaffeefilter seiner Mutter, der aus einem an einen Metallring genähten Stück Stoff bestand, dessen gezwirbeltes Ende als Griff diente.

Am Fuß der Long-Bien-Brücke, die den Roten Fluss in Hanoi überspannt, füllte seine Mutter jeden Abend diesen Filter, um ihn in ihre Aluminiumkanne zu hängen und ein paar Tassen Kaffee an Passanten zu verkaufen. Im Winter stellte sie die Gläser, die kaum drei Schluck enthielten, in eine Schüssel mit heißem Wasser, um sie für die Männer warm zu halten, die sich auf fast bodentiefen niedrigen Bänken miteinander unterhielten. Kunden erkannten den Stand an der Flamme der winzigen Öllampe, die neben einem Teller mit drei Zigaretten auf einem winzigen Arbeitstisch stand. Als Kind erwachte der junge Inspekteur jeden Morgen unter dem vielfach geflickten Kaffeefilter aus braunem Stoff, der manchmal noch feucht an einem Nagel direkt über seinem Kopf hing. Ich hörte ihn in einer Ecke der Treppe mit anderen Inspekteuren sprechen. Er konnte nicht verstehen, warum meine Familie so viele Kaffeefilter besaß und diese sortiert in mit Seidenpapier ausgelegten Schubladen aufbewahrte. Und warum waren sie doppelt? Weil man Kaffee immer mit einem Freund trinken sollte?

Jeder von uns wurde in der Friedens- oder Nachkriegszeit Vietnams anders gerettet. Meine Familie und ich wurden von Anh Phi gerettet.

Anh Phi, der jugendliche Sohn einer Freundin meiner Eltern, fand das Päckchen mit den Gold-Taels, das mein Vater nachts von unserem Balkon in der dritten Etage geworfen hatte. Am Tag davor hatten meine Eltern mich gebeten, an einer durch den Flur laufenden Schnur zu ziehen, falls einer der zehn Soldaten, die in unserem Haus wohnten, sich auf unserer Etage blicken ließe. Meine Eltern verbrachten Stunden im Badezimmer, um die unter den winzigen rosa und schwarzen Kacheln verborgenen Goldblätter und Diamanten herauszulösen. Anschließend wickelten sie sie sorgfältig in mehrere Lagen braunen Packpapiers ein und warfen sie hinaus. Das Paket landete wie vorgesehen im Schutt des zerstörten Hauses unseres ehemaligen Nachbarn von gegenüber.

Während dieser Periode waren alle Kinder verpflichtet, als Akt der Dankbarkeit gegenüber unserem geistigen Führer Ho Chi Minh Bäume zu pflanzen und auf Trümmergrundstücken heil gebliebene Ziegel zu sammeln. Dass ich den Schutt durchstöberte, um das Goldpäckchen wiederzufinden, erweckte also keinen Verdacht. Ich musste nur aufpassen, weil einer der Soldaten in unserem Haus an der Tür postiert war, um unsere Besuche und unser Kommen und Gehen zu überwachen. In dem Wissen, dass seine Augen auf mir ruhten, ging ich zu schnell über das Grundstück und konnte das Päckchen nicht finden, nicht einmal beim zweiten Versuch. Daher baten meine Eltern Anh Phi, dort eine Runde zu machen. Er kam mit einem Sack voller Ziegel von seiner Suche zurück.

Das Paket mit den Gold-Taels wurde meinen Eltern in den folgenden Tagen übergeben, und sie händigten es dann demjenigen aus, der unsere Flucht per Schiff organisierte. Alle

Taels waren da. In diesen chaotischen Friedenszeiten war es normal, dass Hunger die Vernunft und Sorge die Moral besiegte, das Gegenteil war selten. Anh Phi und seine Mutter waren Ausnahmen. Sie wurden unsere Helden.

Am Fluss der neun Drachen – Bilder aus dem Mekongdelta

Martina Katz

Thanh steht barfuß auf dem Heck ihres schaukelnden Sampans. Ihre Zehen umklammern das verwitterte Holz des kleinen Bootes. Mit dem zwei Meter langen Ruder balanciert die vierzigjährige Bauersfrau gekonnt wie ein venezianischer Gondoliere. Insgesamt fünfzig Sampans, voll beladen mit knallroten Drachenfrüchten und leuchtend gelben Pomelos, drängeln sich heute neben ihr auf dem Wassermarkt von Phong Dien. Dicht an dicht dümpeln sie im dunklen Wasser des Xa-No-Kanals am Rande des palmenbewachsenen Dorfes. Frauen in bunt gemusterten Hosen rufen wild durcheinander, lachen und tauschen Früchte aus. Schon von Weitem ist das Angebot mancher Boote sichtbar: Obst und Gemüse, aufgespießt auf in den Himmel ragenden Bambusstäben. »In Phung Hiep gibt es einen noch viel größeren Wassermarkt, aber hier verkaufe ich mehr«, erzählt Thanh und steuert geschwind auf einen sich nähernden Kahn mit feuerrot unterlegten schwarz-weißen Augen zu. Der Zwischenhändler nimmt große Mengen ab, für die Läden im Delta oder das restliche Vietnam, das weiß nicht nur Thanh. Innerhalb von Sekunden haben die Marktfrauen den Kahn umzingelt. Thanh ist heute die Schnellste und verkauft ihre gesamte Bootsladung. »Ein gutes Geschäft«, sagt sie lächelnd, während sie sich den Weg aus dem schaukelnden Getümmel bahnt.

Das Mekongdelta – nach Amazonas und Ganges drittgrößtes Flussdelta weltweit – versammelt jeden Morgen mehrere Tausend Boote auf seinen verästelten Wasserarmen. Wie ein Labyrinth durchziehen sie die elf Provinzen am äußersten Südzipfel Vietnams, erreichen auf über tausend Kilometern Länge jedes noch so kleine Dorf und sind damit Hauptverkehrsadern des Deltas. Ein Segen für die Bewohner. Mit seinem fruchtbaren Schwemmboden ist das Mekongdelta schon seit vielen Jahren die Reiskammer Vietnams und ertragreicher Garten für Obst und Gemüse. Die Marktfrauen von Phong Dien und die der zahlreichen anderen Wassermärkte, die noch immer in traditioneller Art um die Delta-Hauptstadt Can Tho stattfinden, profitieren tagtäglich davon – ein Erbe der französischen Kolonialmacht.

Bevor die Franzosen das Mekongdelta im späten 19. Jahrhundert mit dem Bau vieler künstlicher Kanäle erschlossen, hatten die Vietnamesen manche Regionen bereits für ein gutes Jahrhundert besiedelt. Der Großteil des Landes lag jedoch brach. In dieser Zeit gab es immer wieder Kriege um das Delta zwischen den Vietnamesen und den Kambodschanern. Denn noch im 18. Jahrhundert gehörte es zum Königreich der kambodschanischen Khmer. Eine konsequente Entwicklung der sumpfigen, fieberverseuchten Region war damit kaum möglich. Bis die französische Kolonialmacht die Vietnamesen zu Zwangsarbeit verpflichtete, sie in dichtem Dschungel riesige Wasserkanäle von Hand ausheben ließ. Viele Arbeiter verloren dabei ihr Leben. Die, die es schafften, durften sich so viel Land nehmen, wie sie zum Anbau von Reis kultivieren konnten – für die Eigenversorgung und den Export in das Mutterland Frankreich. Das sprach sich schnell herum, und die Bevölkerung im Delta wuchs. Heute leben rund sechzehn

Millionen Menschen auf den neununddreißigtausend Quadratkilometern, einer Fläche so groß wie Holland. Die saftig grünen Reisfelder übersäen das gesamte Delta und bringen bis zu drei Ernten im Jahr. Zudem werfen viele bunte Obstplantagen Unmengen von Früchten ab. In manchen wie der in Cai Son – Hang Bang am westlichen Stadtrand von Can Tho hängen Hunderte heranreifender Mangos wie Weihnachtskugeln an armlangen Stielen von den haushohen Bäumen – für die Besucher ein kleines Schlaraffenland in Dschungel-Landschaft.

Neben den Obstplantagen und Reisfeldern stehen immer wieder bunte Holzhäuser an den Mekong-Armen. Kaum sichtbar: In kleinen Bambuskäfigen darunter züchten die Delta-Bewohner einen Fisch, den Pangasiuswels. Durch eine Klappe im Hausboden gibt es täglich Futter aus Reis, Kleie und Fischmehl für den anspruchslosen Allesfresser, aber auch Antibiotika, um Krankheiten vorzubeugen. Umweltschützer haben dazu beigetragen, dass inzwischen erste Bio-Fische gezüchtet und die Umweltkontrollen verschärft werden. Für Vietnams Exportschlager soll künftig Klasse statt Masse zählen. Die vielen kleinen Zulieferer im großen Fischbusiness kennen das nicht anders.

An der Hauptstraße von Cau Thom Rom wird jedes Fischernetz noch von Hand geknüpft. Hier reihen sich die weißen Netze wie ein blickdichter Vorhang über hundert Meter entlang der Läden. In Bang Tang flechten die Frauen vor ihren Häusern Krabbenfallen. Rund eine Woche benötigen sie für eine der korbähnlichen Fallen aus hauchdünnen Bambusstäben. »Zuerst binden wir die Stäbchen zu Matten zusammen, danach werden die miteinander verknotet. Wenn wir eine Bootsladung fertig haben, verkaufen wir sie an die Fischer an der Küste«, erklärt die fünfzigjährige Tien ihre filigrane Arbeit. Vor dem Nachbarhaus flechten Nhan und Loan

Dachplatten aus Palmenblättern für die Fischerhütten. Die beiden jungen Frauen haben ihre Namen auf eine Kreidetafel geschrieben und ergänzen nun täglich die Anzahl der gefertigten Platten. Bis zu sechzig Stück schaffen sie an manchen Tagen. Rund siebzig Euro pro Monat gibt es dafür – ein durchschnittliches Einkommen für vietnamesische Verhältnisse, für viele der im Delta lebenden Khmer jedoch ein Vermögen.

Die Minderheit der Khmer zählt zu der ärmsten Bevölkerungsgruppe Vietnams. Gut zwei Millionen von ihnen leben heute noch im Mekongdelta, viele davon in der abgelegenen Provinz Tra Vinh. Die Regierung bemüht sich, die lokale Wirtschaft anzukurbeln. Nach dem aktuellen Zehn-Jahres-Plan sollen Arbeitsplätze in Dienstleistung und Industrie entstehen, die Landwirtschaft langsam eingedämmt werden. Ob hiervon auch die Khmer profitieren, wird sich zeigen. Derzeit gibt es noch kaum Beschäftigungsmöglichkeiten außerhalb der Landwirtschaft. Doch für eigenes Land fehlt den Khmer das Geld. Die hundertvierzig prunkvollen Khmer-Tempel in der Provinz – oftmals Heimat riesiger Storchenschwärme – täuschen schnell über die Armut hinweg. So wie im beschaulichen Städtchen Tra Vinh: Hier strahlt die goldene Ong-Met-Pagode mit der Sonne um die Wette. In der Chim-Pagode segnet ein Abt die Nonnen und Mönche vor den vierzig Buddhastatuen der kerzenbeleuchteten Gebetshalle.

Im Dorf Tra Cu trohnt eines der ältesten Khmer-Heiligtümer des Deltas: Die Ang-Pagode mit dem angrenzenden Ba-Om-See. Mit ihren vier farbenfrohen Deckenfresken aus dem Leben Buddhas ist sie die wohl prächtigste Pagode des Mekongdeltas. Versteckt hinter den hundert Jahre alten Sao-Bäumen des Seeufers, führen die Mönche hier ein entspanntes Leben, selbst in der Trockenzeit. Dafür sorgt schon der rechteckige Ba-Om-See, ein ehemals künstliches Wasserreservoir. Der Legende nach entstand er aus einem Wettkampf, bei dem ein Mann und eine Frau darüber stritten, welches Geschlecht im Dorf die Kosten einer Hochzeit zu tragen habe. Schließlich sollten diejenigen befreit werden, die am nächsten Morgen den größeren Teich gegraben hatten, und das waren, durch eine List der Anführerin Ba Om, die Frauen. Bis heute ist der See für die Khmer ein spiritueller Ort, während die Vietnamesen zum Picknicken und Entspannen kommen. Auch Thanh, die Marktfrau von Phong Dien, zieht es manchmal hierher. Zwischen den knorrigen Luftwurzeln der Sao-Bäume erholt sie sich dann von der Obsternte und dem trubeligen Verkauf auf den Wassermärkten. Oft jedoch kommt sie nicht dazu, dafür sorgt schon das fruchtbare Delta, in dem alles Natürliche kontinuierlich zu sprießen scheint.

Herr Mong

Nguyen Huy Thiep

Vor einigen Jahren hörte ich, dass es in einem Vorort einen berühmten Düngermarkt gebe, der »einzigartig und beispiellos« sei. Neugierig ging ich hin.

Der Düngermarkt findet nur eine Stunde lang, morgens zwischen drei und vier Uhr direkt an der Landstraße nach Son Tay statt. In dieser Gegend wird Gemüse angebaut, unter anderem Auberginen. Die ca-phao- und die ca-bat-Aubergine wachsen besonders gut, wenn man sie mit Kot düngt, vor allem mit Menschenkot. Man düngt auch die Reisfelder mit Kot, aber erst nachdem dieser unter einer Abdeckung verrottet und reif geworden ist. Wie funktioniert der Verrottungsprozess? Es gibt viele Sorten von frischem Mist: Rindermist, Schweinemist, Hühnermist (Stallmist), Menschenkot (phan bac). Aber gefragt sind vor allem Schweine- und Hühnermist: Schweinemist ist wertvoll, weil er kühlend wirkt und man ihn frisch und für jede Pflanzenart einsetzen kann. Hühnerkot wird sehr geschätzt, ist aber scharf und deshalb nur geeignet für Chilipflanzen. Menschenkot wirkt, wahrscheinlich wegen des hohen Gehalts an Stickstoff und an schwer zersetzbaren Stoffen, ätzend, wenn er unverarbeitet eingesetzt wird, die Pflanzen würden leiden und bald eingehen. Eine Ausnahme bilden die Auberginen, die dieses Düngemittel gut vertragen. Im Allgemeinen gilt: Alle Mistsorten sollten vor dem Einsatz erst kompostiert werden. Man hebt auf dem Acker eine Grube aus, füllt sie mit Mist, Asche, Reisspreu und bedeckt das Ganze mit einer Schicht aus Schlamm und Stroh. Es entsteht ein Haufen, der wie ein Grab aussieht. Man lässt den Dünger einige Tage bis zwei Wochen lang vor sich hin gären. Er wird reif, mürbe, locker. Die Maden gehen, nachdem sie den Mist aufgefressen haben, auch ein und werden selbst zu Dünger.

Ich kam auf dem Düngermarkt an, als der Handel schon voll im Gang war. Hier wird nur frischer Kot angeboten, aber es gibt weder verrotteten Tiermist (reifen Dung) noch Gründünger (Pflanzenkompost) und schon gar keine chemischen Düngemittel. Hier gibt es auch kaum Stallmist, das heißt Mist von Schweinen, Hühnern oder Rindern. Hier gibt es nur Menschenkot.

Der Kot befindet sich in Blechbehältern, welche den Wassereimern ähneln, die man an einem Schulterjoch trägt. Manche Leute benutzten auch Holzfässer oder Bambuskörbe (die mit Plastikfolie ausgekleidet sind). Wahrscheinlich stammt der Kot hier größtenteils aus den öffentlichen Toiletten der Stadt. In manchen Behältern kann man sogar noch Papier aus Schulheften oder Zeitungspapier entdecken.

Der Markt war nicht belebt, nur ungefähr dreißig Käufer und Verkäufer waren da. Anscheinend kannten sie sich untereinander und die Qualität ihrer jeweiligen »Waren« so gut, dass sie schnell handelseinig wurden. In dem bleichen Licht der hohen Lampen und dem feuchtkalten Morgendunst konnte der Markt seinen Schmutz, seine Atmosphäre von Armut und harter Arbeit teilweise verbergen.

Die Händler trugen alle ein Tuch vor dem Gesicht oder einen Mundschutz. Sie kauften, verkauften, handelten mit Zurückhaltung und Geduld – das war zumindest mein erster Eindruck. Niemand sprach laut oder feilschte energisch wie auf anderen Märkten, mit Ausnahme eines Mannes, der als

»Marktchef« auftrat. Er war ungefähr sechzig Jahre alt, untersetzt, trug das Haar ganz kurz geschoren, hatte vorquellende Augen, ausgeprägte Kieferknochen, eine muskulöse Brust, kräftige Glieder. Er hatte weder einen Mundschutz noch ein Tuch vor dem Gesicht, zeigte keinerlei Ekel oder Widerwillen, wenn er mit den schmutzigen Kotbehältern, den dreckigen Utensilien in Berührung kam. Ich beobachtete, dass er weder kaufte noch verkaufte, sondern hin und her ging, den einen oder anderen ansprach, die Gefäße kontrollierte und beurteilte, Scherze machte, diejenigen beriet, die noch zögerten oder unschlüssig waren. Er lief ziemlich flink und zielbewusst herum. Seine Wendigkeit belebte den Markt, gab dem Geschehen aber auch eine gewisse Härte. Er agierte wie ein Orchesterdirigent, der in diesem seltsamen Treiben den Takt angab.

Einige Leute stritten über die zwei Mistkörbe einer Frau, die die Uniform der Stadtreinigung trug. Die Frau wandte sich an den »Marktchef«: »Herr Mong! Mein Mist soll sauer sein! Das stimmt doch nicht!« Herr Mong (also der »Marktchef«) ging hin, um die Sache aufzuklären. Er nahm die Mistzange aus Bambus, die ein wenig wie ein Rührholz für den Reis aussah, steckte sie tief bis zum Boden in den Mistkorb, zog sie heraus, hielt sie sich vor die Nase und roch daran. Eine Schmeißfliege brummte direkt vor seinem Gesicht hin und her. Er wich einen Schritt zurück, warf einen scharfen Blick auf die Fliege, wechselte die Mistzange von der linken in die rechte Hand, schätzte die Anfluglinie der Fliege ab und schlug blitzschnell zu. »Verflucht!«, schrie er laut. Die Schmeißfliege lag erschlagen mitten auf dem Mistkorb. Gelassen sagte Herr Mong zu dem Käufer: »Der Mist ist gut, nicht sauer! Wahrscheinlich liegt der Abort in der Nähe eines Tofu-Herstellers, deshalb ist er mit Sojawasser vermischt.« Die Frau sagte: »Jawohl, stimmt! Hier im Mist sind noch Schalen von Sojabohnen!« Herr Mong sagte dann: »Dein Mist heute ist nicht so fest wie der von gestern! Er ist weich und schlaff ... also geh halt mit dem Preis ein bisschen runter.« Die Frau erwiderte: »Ich habe ihn vom Stadttor bis hierher getragen, das war schwer, so schwer ...« Herr Mong antwortete: »Und wenn schon! Wieso hast du auch so viel Flüssigkeit drin ... Jetzt musst du sie erst abgießen, nur dann wird der Mist richtig gut!«

Am anderen Ende des Marktes hatte jemand zwei Eimer Mist in Körbe umgefüllt, etwas war danebengegangen. Herr Mong schimpfte: »Sofort wegputzen! Gründlich und sauber! Wenn jemand am Tag noch ein Fäserchen Mist auf der Straße sieht, dann gibt es keine Genehmigung mehr für den Markt!« Der Händler entfernte den Mist mit einem blechernen Werkzeug, das aussah wie ein großer Suppenlöffel mit langem Stiel und auch als Mong bezeichnet wird. Obwohl alles gründlich weggekratzt worden war, blieb auf der Asphaltoberfläche doch eine dünne zähe Schicht zurück, auf der sich zahlreiche Fliegen tummelten. Herr Mong forderte den Misthändler auf, Wasser aus einer nahe gelegenen Rinne zu holen und die Straßenoberfläche damit abzuspülen.

Ein hagerer junger Mann schob eine Karre heran; sie war eigentlich zum Müllsammeln vorgesehen, dann aber für den Transport von Mist umgebaut worden. Händler, die ihre Ware nicht verkaufen konnten (schleppender Absatz) oder schlechte Ware hatten (das heißt sehr dünnflüssigen Kot oder Mist mit zu vielen Maden), kippten alles in seinen Karren. Er kaufte alles, aber zum billigsten Preis, zum Spottpreis, Schleuderpreis, Ausverkaufspreis. Herr Mong und dieser junge Mann schienen einander gut zu kennen. Herr Mong lobte ihn: »Ein Haus gebaut, eine Frau geheiratet, alles mit Scheiße. Toll!« Der junge Mann lachte zufrieden, holte seine Zigaretten heraus und bot Herrn Mong eine an. Die beiden standen rauchend beisammen und plauderten über dies und das, einige Bruchstücke waren zu vernehmen, wie »Wers kann, kommt an!« und »Als Profi leben, als Profi sterben …!«.

Von den Reisfeldern vor der Stadt zog sich allmählich die Dunkelheit zurück. Die Gesichter der Menschen waren noch undeutlich, aber zunehmend besser erkennbar. Die ersten Sonnenstrahlen verkündeten fröhlich den allmählich heraufziehenden neuen Tag. Zunächst waren nur ganz leise Geräusche vernehmbar, die sich dann ausbreiteten, allmählich an Lautstärke zunahmen, ähnlich wie das Plätschern Tausender Wellen, der Flügelschlag Tausender Vögel, wie das Trampeln der Menschenmassen. Dazwischen schrillte das Pfeifen der Lokomotiven, das Hupen der Autos. Die Stadt rührte sich, erwachte, wie ein starkes großes Raubtier, wie ein gigantischer Riese, mit zahllosen vulgären Begierden, unzähligen kühnen Wunschträumen und verborgenen Triebkräften. Sie kann sowohl behäbig als auch blitzschnell, sowohl schläfrig als auch wachsam sein. Man kann nicht abschätzen, wie ihr Tag verlaufen wird, was sie tun wird, ob sie gleich ihr Festmahl aus Menschenfleisch verschlingen oder, wie ein großmütiger Herrscher, Geld und Gold überall austeilen wird. Die Stadt! Wie viele Schrecken, wie viele Freuden! Die Stadt! Ort paradiesischer Freuden und tiefster Höllenqualen.

Der Markt löste sich sehr schnell auf, nach wenigen Augenblicken war kein Mensch mehr zu sehen, sie waren alle wie vom Erdboden verschluckt. Herr Mong ging über den verlassenen Markt, um nach dem Rechten zu sehen. Er nahm einen langen Reisigbesen – wer weiß, wo er den hergeholt hatte – und kehrte dort, wo er noch Kotspuren fand, alles energisch an den Straßenrand, als ob er die Spuren eines Verbrechens zu beseitigen hätte. Nach getaner Arbeit wusch er sich in der nahe gelegenen Wasserrinne die Hände, dann ging er gemächlich zu der Nudelsuppen-Garküche, die gerade aufgemacht hatte. Dort wurde er wie ein besonderer Stammgast empfangen. Der Wirt wusste genau, was der Gast essen und wie er es zubereitet haben wollte.

Nach meinem ersten Besuch des Düngermarktes hatte ich versucht, mit Herrn Mong ins Gespräch zu kommen, aber er war sehr zugeknöpft. Zwar habe ich von allen möglichen Leuten viele Dinge über ihn gehört, aber es ist schwer zu beurteilen, was davon »Gerücht« und was »Wahrheit« ist.

Vor etwa vierzig Jahren lebte Mong, ein naiver Bauernjunge, in einem Dorf unweit der Stadt. Herangewachsen, leistete er seinen Militärdienst und kam viel herum, sogar bis nach Laos und Kambodscha. Es wurde auch erzählt, dass der junge Mong beachtliches Talent für Musik, Schachspiel, Dichtkunst und Malerei gezeigt habe.

In jener Zeit, als seine Truppe in einer entlegenen Gegend stationiert war, lernte er ein Cham-Mädchen kennen. Sie hatte lockiges Haar, braune Haut und war sehr leidenschaftlich. Der junge, naive Soldat vom Land verliebte sich unsterblich. Im Wald vor einer uralten steinernen Skulptur mit merkwürdigen eingemeißelten Fresken, die, wie Mong viel später erfuhr, ein Linga war, kamen sie einander näher. Mong wollte mit ihr schlafen. Sie ließ ihn aber erst ewige Treue geloben. Halbherzig schwor er: »Wenn ich dir untreu sein sollte, will ich mein ganzes Leben lang Scheiße wegräumen!«

Sie gab sich damit zufrieden und schenkte ihm ihre Unschuld. Später wurde seine Einheit verlegt, und er vergaß das Cham-Mädchen. Noch als Soldat lernte er viele andere Mädchen kennen. Nach dem Krieg kehrte er nach Hause zurück. Und wie viele andere gestandene, rechtschaffene Männer mit Lebenserfahrung heiratete er ein Mädchen aus dem Dorf und lebte arbeitsam und vorbildlich mit seiner Familie.

Ich habe diese Geschichte erzählen gehört und sie nicht so recht geglaubt. Ich befragte Herrn Mong und erfuhr, dass er seit einigen Jahrzehnten freiwillig und uneigennützig hier auf diesem Düngermarkt arbeitete. Viele Leute haben es mir bestätigt. Könnte es möglich sein, dass ihn eine Leidenschaft zum Kot erfasst hat, so wie wir übrigen Verrückten von einer Leidenschaft für Literatur, Kunst, Mathematik, Politik oder Antiquitäten erfasst werden können? Ich habe mich mit einem Mönch darüber unterhalten. Er meinte:

»Normalerweise sind Reue und Buße ein seelisches Bedürfnis älterer Menschen. Was ist Reue? Was ist Buße? Reue bedeutet Zerknirschung über Fehler, deren man sich schuldig gemacht hat, über Sünden aus Dummheit, Engstirnigkeit, Hochmut, Verachtung … Ein umfassendes Schuldbekenntnis und das Versprechen, diese Sünden in Zukunft nicht mehr zu begehen – das ist Reue. Buße bedeutet sich bessern, vorbeugen gegen Sünden, die man vielleicht in der Zukunft begehen könnte. Sünden aus Dummheit, Hochmut, Neid und Hass …, die man bereits erkannt hat, müssen gänzlich aufgegeben werden und dürfen nicht mehr vorkommen. Das wird als Buße bezeichnet. Allgemein spricht man immer zugleich von Reue und Buße. Ein roher, dummer Kerl, der nur seine alten Sünden bedauert, aber nicht begreift, dass es auch um zukünftige Sünden geht, und damit zulässt, dass, während die schon begangenen Sünden noch nicht gesühnt sind, neue schon entstehen, der kann nicht als reuiger Büßer bezeichnet werden. Um geistige Tugend zu erlangen, muss man sich schon anstrengen!«

Ganz leuchteten mir diese Erläuterungen nicht ein, denn Herr Mong wirkte auf mich keineswegs wie ein Büßer. Ich habe mich dann auch über das Linga und über frühere Auffassungen zum Karma erkundigt. Im Totemismus – einem religiösen Kult der Frühgeschichte (den viele Menschen für Häresie halten) – war die Darstellung der Paarung von Yoni und Phallus weitverbreitet. Mir ist nicht bekannt, dass jemandem wegen der Beleidigung dieses Kults Schlimmes widerfahren wäre. Ich bin mir ganz sicher, dass es hier überhaupt nicht um Aberglaube geht. Im Umgang mit Herrn Mong habe ich gemerkt, dass er ein Atheist ist. Er ist natürlich, schlicht und lebensfroh. Ich habe sehr viel darüber gegrübelt; der Versuch, diese Geschichte im Tiefsten zu verstehen, verursacht wirklich Kopfschmerzen.

»Nicht religiös, nicht politisch, nicht habgierig, nicht ›sexy‹«, sagte Herr Mong zu mir, »Scheiße wegräumen ist der beste Beruf der Welt!«

Am Grabmal des Kaisers Tu Duc

Tran Thuy Mai

Guten Tag, Herr Professor. Haben Sie … schon lange gewartet?«

Herr Ninh schrak leicht zusammen und hob den Kopf. Bevor er sich zum Lesen hingesetzt hatte, hatte er mit Bedacht das Fenster weit geöffnet. Von seinem Arbeitstisch aus blickte er direkt auf den Gang, so konnte er jeden, der die Treppe heraufkam, sofort sehen. Aber dieses Mädchen, wie lange stand sie wohl schon da? Unschlüssig verharrte sie auf der Schwelle, den Blick scheu gesenkt.

»Sie wollen zu mir?«

»Ja, ich komme von der Touristenagentur … Sind Sie Professor Ninh vom archäologischen Institut in Hanoi?«, fragte sie, den Blick weiter auf ihre weiße Handtasche gesenkt.

»Ah, ich erinnere mich. Ja, kommen Sie herein. Ich dachte allerdings, dass man mir einen jungen Mann schicken würde.«

Sie trat ins Zimmer. Auch jetzt waren ihre Schritte leicht und geräuschlos. Ihre Haare hatte sie im Nacken hochgesteckt, sie trug eine einfache weiße Bluse und eine dunkelblaue Hose. Dazu Sandalen mit hohen Absätzen und tiefschwarzen Riemen, aus denen rosige Zehen hervorlugten. Ihrem Aussehen nach konnte sie aus jedem beliebigen Ort sein, aber etwas in ihrer Haltung und in ihrem Gang verrieten sofort: Das war ein Mädchen aus Hue.

Herr Ninh stand auf und schenkte Tee ein. Das Mädchen setzte sich schüchtern an den Tisch.

»Fangen wir an. Wie heißen Sie?«

»Ton Nu Thieu Phuong. Sie können mich auch einfach Phuong nennen.«

Es war jetzt eine Woche her, dass Herr Ninh die Einladung zu einer Forschungsarbeit über die Architektur der Grabmäler und der alten Kaiserstadt von Hue angenommen hatte. Die örtlichen Behörden hatten alles Erforderliche in die Wege geleitet und versprochen, einen Führer bereitzustellen. So war heute das Mädchen gekommen.

Nach ein paar Sätzen kam Herr Ninh sofort zum Thema: »In welcher Weise können Sie mir bei meiner Arbeit behilflich sein?«

»Ich weiß nicht genau … das bestimmen Sie. Ich weiß so einiges über die Kaiserstadt, die Grabmäler, die Pagoden und über viele Sehenswürdigkeiten in Hue. Ich führe Sie hin und erläutere sie Ihnen … so wie ich sonst die Touristen führe.«

Herr Ninh dachte einen Moment nach. Was den Touristen erzählt wird, wusste er wahrscheinlich alles schon. Welchen Nutzen konnte also die Anwesenheit dieser Führerin für ihn haben?

»Also gut. Wann können wir beginnen?«

»Wann Sie wollen. Gleich heute …«

Ihre Stimme wirkte mit einem Mal nicht mehr verzagt. Ihre schwarzen Augen blickten ihn mit einem seltsamen Ausdruck darin direkt an – ganz anders als der scheue Blick zu Beginn.

Aber gleichzeitig hob sie die Hand und strich sich ein paar widerspenstige Haare aus der Schläfe. Eine sehr weiche Bewegung, die in Herrn Ninh wieder den ersten Eindruck wachrief: eine uralte Geste der Mädchen aus Hue.

Unversehens wurde etwas in ihm angerührt. Er stand auf und schüttelte den Kopf: »Schon gut, Phuong. Eine solche Eile ist nicht nötig, warten wir bis morgen. Kommen Sie um die gleiche Zeit hierher, dann beginnen wir mit den Forschungsarbeiten in der Kaiserstadt.«

Sie verabschiedete sich und ging. Wieder waren ihre Schritte völlig geräuschlos. Herr Ninh lächelte versonnen, ein Lächeln, weder traurig noch froh. Ein Vogel strich am Fenster vorüber und verschwand, ein Zwitschern hinterlassend, in einer Weide.

Vor Herrn Ninhs Augen, unter der Brüstung des Balkons, zog sich breit zwischen zwei Reihen Platanen mit geschwungenen, ineinander verschränkten Ästen die Le-Loi-Straße dahin. Herr Ninh murmelte: »Früher war das die Jules-Ferry-Straße.«

Und in ihm erstand aufs Neue seine Schulzeit. Ein kalter Morgen in Hue; die fröstelnden Schüler mit frisch geschorenen Köpfen nebeneinander auf der Fähre sitzend, die gemächlich über den Duftfluss schaukelt. Dicker, weißer Nebel über dem Wasser; das Boot scheint auf einer geheimnisvollen Wolkenscheibe dahinzutreiben, kein Hafen in Sicht … der Fährhafen Thua Phu … irgendwo weit entfernt singt unter einem Baum ein blinder Bettler zum Klang des Monochords von der feindlichen Besetzung Hues … Violette Rockschöße auf der Jules-Ferry-Straße, die unter den zwei Reihen Platanen im Nebel versinkt. Und vor alles schob sich der Schatten von Boi Hoan, dem Mädchen aus dem Nachbarhaus seiner Kindheit. Ein Bild, unscharf, wie von Rauch überweht, doch tief in die Seele eingegraben: Wird so jede kleine Kindheitserinnerung bewahrenswert?

Bis heute konnte er sich sehr deutlich der lesend am Fenster der Dachkammer verbrachten Nachmittage erinnern. Der Blick des Schülers fiel auf einen Garten, von einer Mauer umgeben, auf jedem Pfeiler des Tores saß ein Porzellan-Einhorn. Auf der Veranda war ein Bett aufgestellt worden, auf dem ein junges Mädchen saß, die schwarzen Haare fielen ihr auf die himmelblaue Seidenbluse, sie formte behutsam hübsche, kleine, runde Kuchen. Wenn es Frühling wurde, stach sie Löcher in Ingwerscheiben, aus denen Süßigkeiten hergestellt wurden; ihre zehn zarten Finger hielten ein winziges Nagelbrett, mit dem sie die glänzend gelben Ingwerscheiben bearbeitete. An ihrem schmalen Handgelenk zitterte leuchtend eine Bernsteinkette. Von Zeit zu Zeit blickte sie auf: Wenn sie dem Blick von dort oben begegnete, senkte sie schnell den Kopf und lächelte, ein Lächeln, als hielten die Lippen eine Nadel fest, mit zwei süßen Grübchen …

Dieses Lächeln und die Grübchen hatten sich Herrn Ninh unauslöschlich eingeprägt, waren zu einem Teil seiner angenehmen Erinnerungen an jene ferne Vergangenheit in Hue geworden.

Am nächsten Tag, im schnell dahinfahrenden Auto, stiegen die alten Erinnerungen wieder in ihm auf.

»Herr Professor, warum sind Sie Archäologe geworden?« Phuongs Frage holte ihn in die Wirklichkeit zurück.

»Warum? Ich habe dieses Gebiet vor dreißig Jahren gewählt. Damals beschäftigte ich mich gern mit allem, was zur Vergangenheit gehört. Alles Vergangene war für mich schön.«

Das Mädchen nickte und lächelte still. Ein höfliches Lächeln, auch das Nicken drückte nichts Bestimmtes aus. Warum hatte sie genickt? Zustimmung, Gleichgültigkeit, oder verbargen sich dahinter zu viele Gedanken, die er nicht erraten konnte?

»Und Sie, warum haben Sie diesen Beruf gewählt?«

»Weil ich allen Menschen das Schöne nahebringen will«, antwortete sie leise und höflich.

»Sie stammen aus Hue?«

»Ja.«

»Ah«, Herr Ninh stieß einen beifälligen Laut aus, ein wenig schwebend und eine Spur spöttisch. Das bedeutete: Ah, wenn das so ist, dann passt dieser Beruf schwerlich zu Ihnen, meine Kleine.

Während der langen Zeit, die er in Hue gelebt hatte, hatte er sich ein Urteil gebildet: Die Menschen in Hue sind eher träumerisch und gedankenvoll als geschwätzig und kontaktfreudig. Warum? Wegen des dichten Nebels, so dicht, dass zwei Menschen in einem Boot gegenseitig ihr Gesicht kaum erkennen konnten? Wegen der Tage voll feinen Nieselregens, der einen dazu verleitete, lieber seinen eigenen Stimmungen nachzuhängen, als mit anderen zusammen zu schwatzen und zu scherzen? Oder weil die Atmosphäre von Kultur und traditioneller Bildung den Menschen dazu bringt, sich ständig nach uralten Grundsätzen zu verhalten? Früher, als er noch in Dong Ba zur Schule gegangen war, hatte er oft das Nachbarhaus besucht. Jedes Mal hatte der Schüler auf einer mit Intarsien – Aprikosenblüten und Kraniche – geschmückten Bank dem pensionierten Beamten gegenübergesessen. Immer hatte er das Gefühl gehabt, dass irgendwo, hinter dem gestickten Vorhang oder hinter den Säulen aus Ebenholz, zwischen denen Bänder mit goldenen chinesischen Schriftzeichen gespannt waren, noch jemand war. Aber er hatte niemals herausfinden können, ob dieses Gefühl ihn trog oder nicht, niemals hatte er deutliche Schritte oder Stimmen gehört. Später, in den bewegten Tagen nach der Augustrevolution, war er Boi Hoan oft bei den Bildungskursen oder auf den Kundgebungen, die vor Menschen wimmelten, begegnet. Jedes Mal war er sehr dicht an sie herangetreten, um die Grübchen auf der weichen, feinen Haut genauer anzuschauen, doch jedes Mal hatte sie den Kopf gesenkt und den Arm gehoben, um ein paar Haare aus dem Gesicht zu streichen. Jedes Mal, und so waren ihm als letzter Eindruck nur die leicht im Wind flatternden Schöße eines fliederfarbenen *Ao Dai* geblieben.

»Wir fahren in die Kaiserstadt, oder?«, wandte sich der Fahrer fragend zurück, Herr Ninh nickte. Das Auto bog auf der Kreuzung ab und fuhr auf die Brücke Phu Xuan. Das Mädchen saß noch immer still neben Herrn Ninh, das zierliche Kinn über dem geöffneten Hemdkragen leicht vorgeschoben.

»In Hue tragen jetzt wenige Frauen einen Ao Dai, sehr schade«, stellte Herr Ninh fest.

»Normalerweise, wenn ich Touristen führe, trage ich ihn. Aber weil Sie gesagt haben, wir gehen heute zu Untersuchungen in die Kaiserstadt, habe ich mich entsprechend anders angezogen. Vielleicht müssen wir auf die Mauer klettern, dort oben gibt es viele Dornen, und es wäre schade, wenn ich mit einem Seidenkleid daran hängen bliebe!«

Herr Ninh lachte auf. Dieses Mädchen war ja sehr vorausschauend.

»Wer verlangt von Ihnen, auf die Mauer zu klettern? Wenn es sein muss, dann kann ich auch allein da hinaufsteigen. Führen Sie mich nur, als würden Sie einen Touristen führen, das reicht völlig aus.«

Phuong machte ein unzufriedenes Gesicht: »Aber ich soll Sie ja nicht zu einer Besichtigung begleiten! Man hat mich doch zu Ihnen geschickt, damit ich Ihnen bei der Arbeit behilflich bin. Wie könnte ich Sie arbeiten lassen und selbst danebenstehen, unmöglich!«

In ihren Augen leuchteten Trotz und Entschiedenheit auf, sodass Herr Ninh nur mühsam ein Lachen unterdrücken konnte. Wieder hatte er ein eigenartiges Gefühl. Es war wirklich sonderbar, wenn sie still dasaß oder leise redete, kam sie ihm sehr vertraut vor und rief unzählige Erinnerungen wach. Wenn aber dieser entschlossene Ausdruck erschien, begann seine Vorstellung ins Wanken zu geraten. In dem Mädchen gab es einen Widerspruch, der ihn irritierte.

Das Auto hielt direkt vor dem Osttor. Herr Ninh und Phuong stiegen aus. Der Fahrer wendete und stellte das Auto unter einem Banyan-Baum ab. Phuong hängte sich die Tasche über die Schulter und blickte auf die Uhr: »Wir haben an der Kreuzung fünfzehn Minuten im Stau gestanden. Wir müssen uns beeilen, Herr Professor.«

Sie beschleunigte ihren Gang. Auch jetzt waren ihre Schritte geräuschlos, jedoch zügig und bestimmt. Herr Ninh erinnerte sich plötzlich an Boi Hoans graziösen Gang. In früheren Zeiten gingen die Mädchen von Hue, ohne die Erde zu berühren, durch allgegenwärtigen Nebel ... sie nahmen Zeit und Raum um sich herum nicht wahr, sie lebten in der Atmosphäre der Legende.

»Langsam, Phuong. Wir brauchen uns nicht so zu beeilen«, sagte Herr Ninh. Und unvermittelt stellte er die Frage noch einmal: »Sie stammen wirklich aus Hue?«

»Wie bitte, Herr Professor?« Phuong drehte sich verwundert um.

Viele Freunde hatten nach einem Besuch in ihrer Heimatstadt zu Herrn Ninh gesagt: Hue gibt es nicht mehr. Die Luc-Bo-Straße hat ein neues Gesicht. Die Kreuzung Am Hon ist zwar noch da, ist aber nur noch schwer wiederzuerkennen. Die ganze Atmosphäre und die Menschen haben sich völlig verändert: Hue gibt es zwar noch, aber das Wesen von Hue ist verschwunden!

Herr Ninh hatte sich das angehört, es aber nicht geglaubt. Zwar war diese kleine Stadt nicht seine Heimatstadt, aber sie war für ihn Kindheit, Liebe und die schönste Zeit der Jugend. In einer geschichtlich bewegten Zeit hatte er alles aufgegeben und war fortgegangen. Doch in all den Jahren in Hanoi hatte es keinen Sommer gegeben, in dem er sich nicht an die leuchtend roten Flamboyants in der Nähe der Bach-Ho-Brücke und an das Zirpen der Zikaden unter dem tiefblauen Himmel erinnert hätte. Später, als sein Beruf ihn an sehr viele verschiedene Orte führte, hatte er entdeckt, dass es wohl nirgends so viele schwermütige Zikaden gibt wie in Hue.

Während nun fast dreißig Jahren hatte er viele Festungen im Norden des Landes untersucht: Co Loa, Hoa Lu, die Residenz der Ho, die Residenz der Bau ... Er hatte sich voll Leidenschaft dem Thema Festungen in Vietnam gewidmet. Zu Beginn seiner Laufbahn hatte er undeutlich gespürt, eines Tages würde er zurückkehren, würde die Zitadelle von Hue erforschen, und das erst würde die Krönung seines Werkes sein.

Nun war er kein siebzehnjähriger Schüler mehr. Er hatte eine Familie gegründet, das Schicksal schenkte ihm eine gute Frau. Sie kam im mörderischen Krieg um; die zwei Söhne studierten jetzt im Ausland. Wenn er an Boi Hoan dachte, dann nicht mehr voller Hoffnung und Sehnsucht wie vor dreißig Jahren. Jedes Mal, wenn er zurückdachte an jene ferne Vergangenheit, wünschte er, dass die Menschen, die er gekannt hatte, ein friedliches Leben gefunden hatten, und dass das Glück ihnen günstiger gesinnt war als ihm. Dennoch – die Erinnerungen an die Heimat, die Schulzeit, die ersten Sehnsüchte ... schienen ein Teil seiner Seele geworden zu sein. Je mehr Zeit verstrich, desto tiefer senkten sie sich in ihn. Sie erschienen ihm niemals klar und fest umrissen, doch sie flüsterten ihm zu: Kehre zurück!

Und schließlich war er zurückgekehrt.

Eine Dienstreise hatte ihn in die alte Stadt geführt. Er hatte das Haus mit den zwei Einhörnern auf den Torpfeilern wieder aufgesucht.

Der Weg vom Tor zur Haustür war von feuchtem Moos überwachsen gewesen. Alles andere jedoch hatte sich nicht verändert: der Wandschirm, das Gartenfelsenwerk, das auf der angenehm kühlen Veranda aufgestellte Bett. Mehr als dreißig Jahre waren vergangen, aber alles schien nur gealtert, nichts von seinem Platz fortgerückt worden zu sein. Kein Mensch war zu sehen, keine Stimme zu hören gewesen.

Nachdem er zweimal geklopft hatte, hatte er drinnen ein leises Geräusch gehört. Dann war die mit einem schweren Schloss versehene Tür geöffnet worden. Eine kleine Frau in einer kurzen blauen Bluse war auf der Schwelle erschienen.

Ein mageres, bleiches Gesicht, das noch die frühere Schönheit ahnen ließ, hatte zu ihm hochgeblickt und hatte ihn aufmerksam gemustert. Doch in den Augen war kein Zeichen des Wiedererkennens aufgetaucht. Nur ein vollständiges Vergessen … Um die Verlegenheit zu überbrücken, hatte sie ihn mit einer Handbewegung ins Haus gebeten. Eine magere, trockene Hand, um deren Gelenk eine Bernsteinkette geschlungen war. Zusammen mit dem schattenhaften, höflichen Lächeln waren auf den Wangen zwei tiefe Falten erschienen: Das waren einmal zwei sehr süße Grübchen gewesen …

Er hatte erfahren, dass Boi Hoan drei Jahre, nachdem er in den Norden gegangen war, geheiratet hatte. Ihr Mann war Provinzgouverneur in Tuyen Duc gewesen und später bei einem Autounfall ums Leben gekommen. Ihren großen Sohn hatten sie nach Frankreich zum Studium geschickt, und er hatte dort gleich 1975 um Asyl gebeten. Die achtjährige Tochter war die Einzige, die mit ihrer Mutter zusammen noch in diesem Haus wohnte.

»Wie geht es ihr … Boi Hoan? Darf ich sie sehen?«

»Gerne, mein Herr. Sie ist mit ihren Freundinnen irgendwohin gegangen. Erst wenn es dunkel wird, kommt sie zurück. Es ist ein Jammer, die Kleine ist ständig krank, wir haben sie ja von klein auf immer vor jedem Wind und vor der Hitze behütet.«

»Machen Sie sich keine Sorgen, sie wird sich daran gewöhnen. Allmählich macht es ihr dann gar nichts mehr aus«, hatte er ihr zugeredet.

»Ja, man muss sich an alles gewöhnen, das Schicksal hat es so bestimmt … man muss es nehmen, wie es kommt.«

Ein ergebenes und bitteres Lächeln war über ihre Lippen gehuscht. Sie hatte Tee in die Porzellantassen eingeschenkt: »Bitte, trinken Sie, leider kann ich Ihnen keinen Lotosblütentee anbieten, wie ihn mein Vater früher immer trank. Aber es ist schon ein Glück, dass wir überhaupt noch Tee haben, wer weiß, was in einigen Jahren sein wird!«

Herr Ninh hatte schweigend einen Schluck Tee getrunken. Zwischen den beiden war etwas wie ein Missklang aufgetönt.

Was war das gewesen? War das wirklich die Begegnung gewesen, auf die er dreißig Jahre lang gewartet hatte?

Alles hatte sich verändert. Konnte sich jemand, während er die Grübchen auf den Wangen einer Frau liebte, vorstellen, dass diese sich eines Tages in tiefe, wie mit dem Messer eingeschnittene Falten verwandeln würden?

Herr Ninh hatte seitdem seine Forschungsarbeit über die Kaiserstadt halb fertig liegen lassen. Er wollte die Arbeit fortsetzen, aber jedes Mal, wenn er wieder beginnen wollte, schien ihn eine beängstigende Leere zu überfallen; er fühlte die eisige Kälte der Zeit, ihre zerstörende und verwüstende Macht.

Wahrscheinlich wäre er niemals wieder nach Hue zurückgekehrt, wenn sein Institut ihm nicht diese Untersuchung angetragen und die Provinz Binh Tri Thien nicht einen Spezialisten für die Erforschung der alten Architektur angefordert hätte. Er war gefahren, aber im Innersten glaubte er nicht daran, dass er so ausgezeichnete Arbeit leisten würde wie bei den Festungen des Nordens acht Jahre zuvor. Man glaubt immer, dass nur ein Künstler für seine Arbeit Leidenschaft benötigt. In Wahrheit gilt auch in der Wissenschaft, hat man die Hingabe an sein Fach verloren, wird die Arbeit zu einem Joch.

Jetzt saß er an der Mauer der Verbotenen Stadt, um ihn herum stand dichtes Gras, und Schwertlilien wiegten sich im Wind.

Hinter ihm erklang helles Lachen. Phuong versuchte übermütig, eine Grasmücke zu fangen, die sich soeben ins hohe Gras gerettet hatte.

»Vorsicht, Phuong. Reitgras zerkratzt die Hände.«

»Sehen Sie nur, wie süß, bestimmt hat die Sonne sie geblendet.«

Phuong setzte sich auf einen großen Stein neben ihn.

»Wie alt sind Sie?«

»Zwanzig.«

»Arbeiten Sie schon lange als Touristenführerin? Bestimmt haben Sie gerade erst angefangen?«

»Ja. Ich arbeite erst seit zwei Jahren, seit ich die Schule abgeschlossen habe.«

»Warum studieren Sie nicht?«

Phuong schwieg lächelnd. Sie blickte Herrn Ninh an, als wollte sie sagen: »Wie kann ich das wissen? Es gibt so vieles, was ich nicht beeinflussen kann.«

Ein paar Sonnenstrahlen fielen auf den kleinen Fleck Gras zwischen ihnen.

»Macht Ihnen die Arbeit Spaß?«

»Ja, großen Spaß. Ich führe die Touristen und erläutere ihnen die Sehenswürdigkeiten. Zum Grabmal des Kaisers Minh Mang und zum Hon-Chen-Tempel fährt man mit dem Drachenboot, das ist besonders schön. Manchmal kommen viele ausländische Touristen, dann habe ich keinen Tag frei.«

Herr Ninh betrachtete sie aufmerksam. »Phuong, hatten Sie die Arbeit schon mal … satt?«, fragte er plötzlich und dachte dabei an seine eigene Arbeit und seine Situation in den letzten Jahren.

»Manchmal ist es sehr anstrengend. Wenn ich ständig unterwegs bin, wie viele Kleider ich mir auch kaufe, nie reichen sie aus. Aber satt hatte ich es noch nie, nein, noch nie.«

Während sie sprach, pflückte sie eine Schwertlilie. Unvermittelt fiel ihr ein, dass die feinen Härchen am Stiel der Blume auf der Haut Juckreiz hervorrufen, schnell warf sie die Blume fort, holte ein Taschentuch hervor und wischte sich sorgfältig die Hände ab.

Sie wirkte jetzt nicht mehr ängstlich oder eigenartig. Ein Nachmittag gemeinsamer Arbeit hatte sie offen und natürlich werden lassen: »Wissen Sie, Herr Professor, als ich noch zur Schule ging, war ich sehr schüchtern. Ich ging in die Dong-Khanh-Schule, dort hatte ich bloß Freundinnen, und wir Mädchen spielten immer nur zu zweit oder zu dritt. Ich hatte große Angst, wenn um mich herum viele Menschen waren. Als ich dann zu arbeiten anfing, bin ich am Anfang vor Angst fast vergangen, wenn ich vor den Touristen stand. Wenn ich reden musste, habe ich immer auf meine Zehenspitzen gestarrt …«

Sie hielt inne und lachte, ein sprödes Lachen.

»Und jetzt?«

»Ich musste viel üben. Ich habe mich sogar zu Hause vor den Spiegel gestellt und meinen Vortrag geprobt. Jetzt habe ich keine Angst mehr. Nur am Anfang bin ich immer noch aufgeregt, erst wenn ich richtig ›drin‹ bin, wenn ich in Schwung gekommen bin, schlägt mein Herz wieder ruhiger.«

»Wie lange müssen Sie normalerweise sprechen?«

»Die Texte, die wir von den Museen bekommen, sind je Sehenswürdigkeit nur etwa fünf Minuten lang. Aber ich füge immer viele Einzelheiten aus der Geschichte und volkstümliche Legenden hinzu. Außerdem benutze ich lieber meine eigenen Worte, das ist interessanter.«

Ihre Sprache war mit einem Mal frei und fließend geworden. Ist dieses Mädchen nun mutig oder ängstlich, verschlossen oder offen, fragte sich Herr Ninh lächelnd. Jetzt sah er deutlich die beiden Seiten des Widerspruchs, der ihn an diesem Mädchen so irritiert hatte: Ihr Wesen und die Forderungen der Wirklichkeit standen offenbar im Konflikt miteinander, doch beide existierten gleichzeitig … Sie saß dort, den Blick auf das Mittagstor gerichtet. Hell spiegelte sich der Nachmittagshimmel in ihren Augen. Alles an ihr, von ihrem Blick über ihre Sitzhaltung bis zur geschwungenen Linie ihrer hochgesteckten Haare, die von einer Haarnadel aus Platanenholz, deren Ende eine gedrechselte Lotosknospe bildete, zusammengehalten wurden, war erfüllt von einer eigenen Harmonie.

Auf dem Rückweg fuhren sie wieder über die Phu-Xuan-Brücke. Der Duftfluss umspülte mit sanften Wellen schmeichelnd die Brückenpfeiler. Der Fahrtwind wehte kühlend durch die geöffneten Fenster.

»Herr Professor, als Sie heute Mittag im Waschraum waren, habe ich heimlich ein paar Manuskriptseiten auf Ihrem Schreibtisch gelesen. Ich glaube, dass viele Angaben darin nicht stimmen.«

»Ach, wirklich? Woher wollen Sie das wissen?« Herr Ninh runzelte die Brauen.

»Sie haben zum Beispiel notiert, dass bei der Errichtung des Zehntausendjährigen Grabmales im Bereich der Grabanlage täglich dreitausend Fronarbeiter beschäftigt waren. In Wahrheit dürften es eher dreißigtausend gewesen sein.«

»Woher haben Sie diese Zahl?«

»Sie stammt aus einer Überlieferung. Es gibt ein Versepos aus der Zeit, worin es heißt: ›… die Steine waren herbeigeschleppt, nun musste der Kalk gestoßen werden, dreißigtausend Menschen in Armut und Elend.‹ Ich suche noch nach einem Dokument, das die exakte Zahl enthält. Aber bei dreitausend Leuten wäre es ganz bestimmt nicht zum Chay-Voi-Aufstand gekommen. Die hungrigen, abgerissenen, entkräfteten Menschen konnten es nur wagen, mit nichts als Kalkstößeln bewaffnet, in die Verbotene Stadt einzudringen, weil sie sich in einer so großen Überzahl wussten.«

»Das ergibt Sinn«, antwortete Herr Ninh kurz, zufrieden mit ihrer Schlussfolgerung. Bei dem Wort »Touristenführer« dachte er automatisch an einen bunt gekleideten Menschen, der nur eine Karte und ein paar auswendig gelernte Texte im Kopf haben musste und keinerlei Fremdsprachenkenntnisse benötigte, weil sowieso immer ein Dolmetscher dabei war. Dieses Mädchen jedoch war geschmackvoll gekleidet, unaufdringlich, und sie zeichnete sich durch einen Kopf aus, der zu denken verstand.

»Diese Zahlen hat man mir gerade erst geliefert, ich bin noch nicht dazu gekommen, sie zu überprüfen. Also gut, von jetzt an werden Sie mir behilflich sein, indem Sie alle Materialien auf Fehler durchsehen. Einverstanden? Wer weiß, vielleicht werden Sie mir eine größere Hilfe sein, als zu erwarten war.«

»Wirklich, Herr Professor? Oh, wunderbar!«, rief Phuong, und das Oval ihres Gesichts leuchtete in kindlichem Stolz auf.

Das Auto brachte Phuong nach Hause in die Ly-Thuong-Kiet-Straße und fuhr dann zum Gästehaus der Provinz.

An diesem Abend sah Herr Ninh seine ersten Manuskriptseiten noch einmal durch und entdeckte auf den ersten Blick eine ganze Reihe zweifelhafter Angaben. Während er einen Schluck Tee trank, schalt er sich stirnrunzelnd selbst, dass ihm diese Stellen nicht sofort aufgefallen waren. Ließen seine geistigen Kräfte etwa schon nach? War das ein Zeichen des Alterns? Aber nein, um die fünfzig galt man in der Wissenschaft noch keineswegs als alt.

Von nun an kam Phuong täglich und wurde zu seiner Mitarbeiterin. Es zeigte sich, dass sie nicht allzu viel beisteuern konnte, aber ihre Begeisterung belebte die Arbeit und gab ihr neuen Sinn.

»Herr Professor, wissen Sie, warum mir vor ein paar Tagen die Zahl der Fronarbeiter am Zehntausendjährigen Grabmal aufgefallen ist?«, fragte Phuong, mit ihrem tiefschwarzen Blick aus einem Stoß Materialien aufsehend. »Weil mich alles, was mit dem Chay-Voi-Aufstand zusammenhängt, sehr interessiert. Wenn ich das Grabmal des Kaisers Tu Duc erläutere, führe ich den Touristen immer erst das Bild eines kieferbestandenen Hügels vor Augen. Dann kommt ein Kaiser und beschließt, hier seine letzte Ruhestätte zu errichten. Das Volk wird zum Frondienst gepresst, sie schleppen hungernd, zerlumpt, mit bloßen Händen jeden einzelnen Stein aus der Ebene herauf, von den Bergen herunter. Die Arbeit ist äußerst schwer, sie rebellieren … Blut fließt, und das alles ist vollständig in Vergessenheit geraten. Nur die Steine bezeugen noch den Schweiß und die Tränen Zehntausender Menschen. Das ist meine Art, das Grabmal zu erläutern. Ich bin der Meinung, wenn ich alles über die leblosen Steine sagen will, muss ich mit dem Leben derjenigen, die sie errichtet haben, beginnen.«

»Auch eine Auffassung!«, Herr Ninh nickte. Er zollte ihrer Sichtweise Bewunderung, wollte sie aus Zurückhaltung jedoch nicht direkt loben.

Phuong lächelte und strich sich ein paar Haare aus der Stirn. Diese uralte, scheinbar von einer Generation zur nächsten weitervererbte Geste rührte ihn. Es gibt winzige Bestandteile der Gegenwart, die mit gewaltiger Kraft Vergangenes heraufbeschwören können: Ihm wurde zum ersten Mal deutlich bewusst, wie sehr dieses junge Mädchen der Boi Hoan von vor dreißig Jahren glich.

Ja ... Die gleichen Augen, das gleiche Lächeln, und die weiche Bewegung, wenn sie sich über die Haare strich. Herr Ninh wurde von einem leichten Schwindel erfasst und trat schnell ans Fenster.

Warum nur war sie Boi Hoan so ähnlich? So fragte er sich. Vor dem Fenster floss grün schimmernd über moosbewachsenem Grund der An-Cuu-Fluss dahin. Eine sehr sonderbare Übereinstimmung ... Aber Boi Hoan erinnerte ihn irgendwie an einen Weidenzweig, während er bei Phuong an ein Büschel junger Kiefernnadeln denken musste. Als Boi Hoan vor zwei Jahren nach Frankreich gegangen war, war sie nur noch ein Schatten gewesen, ein Schatten, so verblasst, dass er nur noch im Traum und nicht mehr im Leben existieren konnte. Doch mitten im Leben stand ein junges Mädchen mit sehr eigenartigem Blick. Die Zeit trug den Tod in sich, und sie brachte auch Entfaltung und Blüte hervor ...

»Nein, es ist nicht allein die Zeit. Es ist auch die Kraft des Menschen, sich zu erheben, sich selbst dem Tod entgegenzustellen oder dem Leben«, sagte Herr Ninh zu sich selbst. Und er sah die grünen Bäume zu beiden Ufern des Flusses dicht gedrängt in die Höhe wachsen, einander umschlingend, ihre Wipfel schienen sich in den Himmel recken zu wollen.

Er hörte leise Schritte. »Herr Professor ... ich gehe. Sie sehen krank aus.« Herr Ninh drehte sich um und sah, dass Phuong ihre Tasche nahm. Auf ihrem Gesicht lag ein Anflug von Traurigkeit.

»Nein, nein, ich bin gesund. Es ist nichts«, beteuerte er hastig. »Sie nehmen mir doch nichts übel? Ich bin manchmal ... etwas seltsam, nicht wahr?«, fragte er, mit einer Spur Selbstironie in der Stimme.

»Nein, bestimmt nicht, Herr Professor. Ich habe nur Angst, Sie könnten zu erschöpft sein. Sie arbeiten zu hart.«

»Das macht mir nichts aus, ich fühle mich zurzeit besser

als je zuvor.« Er wollte sie zurückhalten, doch ohne zu wissen, warum, sagte er wie gewohnt: »Es ist gut. Sie können nach Hause gehen. Für heute haben wir genug gearbeitet.«

Der letzte Untersuchungstag war gekommen. In drei Tagen würde Herr Ninh nach Hanoi zurückkehren, ein Telegramm aus dem Institut rief ihn zu einer dringenden Angelegenheit zurück. In etwas mehr als einem Monat hatte er über dreißig Kulturdenkmäler in Hue untersucht und mehr als vierhundert Seiten Material gesammelt. Die Arbeit war außergewöhnlich schnell vorangekommen – zum Teil natürlich dank Phuongs Mitarbeit. Die Frangipani-Bäume auf dem Gelände des Tu-Duc-Grabmals standen an diesem Nachmittag in blühenden Reihen und präsentierten leuchtend weiße schlanke Zweige. Ein zarter Duft. Der gepflasterte Weg war mit herabgefallenen Blüten übersät, es herrschte Stille, die von keinem Geräusch unterbrochen wurde.

Herr Ninh und Phuong machten einen Rundgang durch die Grabanlage. Sie begegneten zwei ausländischen und einer vietnamesischen Touristengruppe, die den Ehrenhof besichtigten. Da sie nicht hineingehen wollten, solange es darin voller Menschen war, wandten sie sich hinunter zum See der Bescheidenheit und schlenderten müßig an der moosbedeckten Brüstung entlang.

An diesem Nachmittag trug Phuong einen rauchfarbenen Ao Dai. Das durch die Zweige der Frangipani fallende Nachmittagslicht spielte mit den Ornamenten in ihrem Strohhut.

Herr Ninh ging mit gesenktem Kopf und betrachtete die schweren Steine aus Thanh Hoa, er dachte daran, wie man diese von sehr weit her mit bloßen Händen hatte transportieren müssen. Phuongs Worte über den Aufstand vor etwa hundert Jahren fielen ihm ein. Er drehte sich um und sagte: »In ein paar Tagen fahre ich nach Hanoi zurück, ich werde Ihnen von dort aus eine Ausgabe des ›Heldenliedes‹ von Doan Trung schicken.«

»Ja … Und wenn Ihre Abhandlung über Hue fertig ist, schicken Sie mir dann bitte auch ein Exemplar?«

»Eigentlich müsste Ihr Name mit auf der Titelseite erscheinen. Wären Sie nicht gewesen, ich bin gar nicht so sicher, ob ich es überhaupt geschafft hätte. Das ist die Wahrheit.«

»Oh, nein, nein!«, protestierte Phuong energisch. »Sagen Sie das nicht … Ich bin zufrieden, wenn ich lesen darf, was Sie geschrieben haben. Ich bin überhaupt keine Wissenschaftlerin, keine Archäologin.«

»Archäologe wird man, wenn man anfängt, so zu denken wie Sie. Wenn Sie wollen, helfe ich Ihnen, in dieser Fachrichtung anzufangen. Eines Tages arbeiten Sie dann im Institut. Das ist nicht schwer.«

Phuong schüttelte den Kopf. An diesem Nachmittag trug sie ihre Haare offen. Kleid und Haare zeichneten weiche Linien, doch in dieser Anmut erinnerte unmittelbar wieder etwas an ein Büschel junger Kiefernnadeln.

»Die Archäologie interessiert mich sehr, aber arbeiten möchte ich nur als Touristenführerin. Wenn ich mich mit Archäologie beschäftige, dann nur, um eine bessere Touristenführerin zu werden.« Sie hielt einen Moment inne und sagte dann: »Denn ich möchte allen Menschen das Schöne nahebringen. Ich glaube, wenn man etwas Schönes betrachtet, wird man ein anderer, ein besserer Mensch.«

Sie erhoben sich und gingen. Die Sonne flirrte über dem See. Die Touristen waren verschwunden, es war an der Zeit, den Ehrenhof zu besichtigen.

»Ich muss sagen, jemanden wie Sie habe ich noch nie getroffen. Wenn ich mir etwas wünschen dürfte, dann, dass ich immer bei Ihnen arbeiten könnte. Schade!« Bei diesen Worten blickte Phuong traurig zu den Ästen der Bäume hinauf.

Herr Ninh schüttelte den Kopf. Seine Augen brannten, als hätte er Rauch hineinbekommen.

Fünf Uhr nachmittags. Der weiße Jeep fuhr den Hang hinunter, Herr Ninh und Phuong hatten das Gefühl, in einer zwischen zwei Kiefern schwingenden Feenschaukel zu sitzen.

Einen Moment später tauchte die Brücke hinter dem Nam Giao auf. Dann die Le-Loi-Straße mit den Platanen. Über Phuongs Schulter hinweg sah Herr Ninh eine Gruppe Kinder mit roten Halstüchern, einander an den Händen haltend, in das Kinderkulturhaus gehen. Lachen und kindliche Stimmen drangen ihm angenehm als pausenloses Zwitschern ans Ohr.

Unwillkürlich erinnerte er sich an eine indische Sage, die er vor langer Zeit gelesen hatte. Darin wurde erzählt, dass der Phönix, wenn er alt geworden ist, auf einen sehr hohen Baum fliegt und sich dort ein Nest aus Zimtzweigen und Anissaft baut. Er legt sich nieder und stirbt mit dem letzten Sonnenstrahl. Seine Leiche verwandelt sich in Asche ... Aus der Asche jedoch entsteht eine bunt schillernde Raupe. Wenn es Frühling wird, häutet sich die Raupe und wird zu einem jungen Phönix, herrlich und doppelt so kühn wie sein Vorgänger.

Herr Ninh lächelte. Was ihm eben eingefallen war, regte ihn an. Er würde diese Legende in seiner Abhandlung erwähnen. Eigentlich hätte diese Abhandlung längst fertig sein können. Er hätte nur, als er zurückgekehrt war, um Boi Hoan wiederzufinden, sie nicht in jenem ehrwürdigen Haus mit den zwei Einhörnern auf den Torpfosten suchen sollen. Sondern im April-Licht, im überfließenden Leben der Menschen in Hue.

Und so hatte er Hue wiedergefunden – es gab diese Stadt noch, wenn auch nicht in den Süßigkeiten aus Ingwer und den violetten Rockschößen der Vergangenheit.

Mit dem Zug von Hue nach Danang

Paul Theroux

Am nächsten Morgen stürzte auf dem Bahnhof von Hue ein winziger Vietnamese in Gabardineanzug und kleinem Filzhut mit hochgerollter Krempe auf mich zu und packte mich am Arm. »Willkommen in Hue«, sagte er. »Ihr Wagen steht bereit.« Es handelte sich um den Bahnhofsvorsteher, den man von meinem Kommen unterrichtet hatte; er hatte einen der Privatwagen des Direktors der Eisenbahn an den Personenzug nach Danang angehängt. Da die vietnamesische Eisenbahn längst kein zusammenhängendes Schienennetz mehr bildet, steht auf jeder noch befahrbaren Teilstrecke auf einem Nebengleis ein solcher Privatwagen des Direktors bereit. Auch bei jeder anderen Eisenbahngesellschaft würde es einen solchen Wagen geben; doch die vietnamesische Eisenbahn besteht jetzt aus sechs verschiedenen Teilbereichen, die mit aufwendiger Unabhängigkeit voneinander betrieben werden. Wie in Saigon bestieg ich den Privatwagen mit unguten Gefühlen; ich wusste, dass mir die Hand zittern würde, sollte ich jemals versuchen, etwas Unfreundliches über diese Menschen zu schreiben. Ich kam mir ziemlich verworfen vor, als ich im leeren Abteil meines leeren Waggons saß und zusah, wie die Vietnamesen sich anstellten, um Fahrkarten zu lösen, die es ihnen erlaubten, in überfüllten Wagen zu fahren. Der Bahnhofsvorsteher hatte mich vom Fahrkartenschalter hinweggescheucht (»Das ist nicht nötig!«), doch hatte ich immerhin einen Blick auf den Fahrpreis werfen können: 143 Piaster (25 Cents) nach Danang, vermutlich die billigste Fahrkarte auf der ganzen Welt für eine hundert Kilometer lange Fahrt.

Der Bahnhofsvorsteher hatte gesagt, die Strecke nach Danang sei, nachdem sie fünf Jahre lang nicht mehr befahren worden war, jetzt seit vier Monaten offen. Warum diese Wiedereröffnung ausgerechnet mit dem Abzug der Amerikaner zusammenfiel, vermochte niemand zu erklären. Der Theorie zufolge, die ich für mich selbst aufstellte, war es so: Es fuhren jetzt auf der einzigen Straße zwischen Hue und Danang, der höchst zutreffend »Straße ohne Freude« genannten Autostraße Nr. Eins, keine amerikanischen Lastwagen mehr hin und her; und die Abnahme des teuren Straßenverkehrs zwang die Vietnamesen einfach, der Vernunft zu gehorchen und die Eisenbahnstrecke wieder in Betrieb zu nehmen. Der Krieg war zwar nicht kleiner, wohl aber weniger mechanisiert, weniger aufwendig geworden. Geld und ausländische Truppen hatten ihn komplizierter gemacht; jetzt jedoch kehrten die Vietnamesen von der Kriegführung großen Stils, wie die Amerikaner sie betrieben hatten, zurück zum altmodisch-kolonialen Stil, in dem die Kommunikation langsamer verlief; man ging wieder zum Ackerbau über, wohnte in den alten Häusern und nahm ein Transportsystem wieder in Betrieb, das auf der Eisenbahn beruhte. Man hatte das amerikanische Konzept der Kriegführung fallen gelassen; Zeugnis dafür legten die verlassenen Geschützstellungen, die Skelette der amerikanischen Unterkünfte und die aufgerissenen Straßen ab – all die Dinge, die man von dem Personenzug aus sehen konnte, der mit seiner Fracht von Frischgemüse aus Hue nach Danang ratterte. Die Brücken auf dieser Strecke sprechen die Sprache des Krieges; sie sind neu, und der Rost auf den Brückengeländern ist gleichfalls neu. Andere – zerstörte Ruinen mit verbogenen

Eisenteilen, wie in der Bewegung erstarrt, von Sprengladungen in die Luft gejagt – lagen gleich daneben. An manchen Flüssen gab es mehrere solcher gesprengten Brücken – ein schwarzes Stahlgewirr in Höhe des Wasserspiegels. Die Ruinen stammten nicht alle aus jüngster Zeit. Bei den Brücken über die Schluchten – manchmal zwei bis drei nebeneinander – schienen mir die ältesten noch Opfer japanischer Bombardements, wohingegen andere Zeugen des Terrorismus der Fünfziger- und Sechzigerjahre waren; jeder Krieg hatte seine besonderen Spuren hinterlassen. Die gewaltsamen Verrenkungen der Stahlkonstruktionen waren eindrucksvoll wie monströse Metallskulpturen. Die Vietnamesen hängten ihre Wäsche zum Trocknen daran auf.

Die Berge wurden höher, die Hänge bildeten ganze Amphitheater mit Ausblick aufs Chinesische Meer; sie waren blau und kahl und unheimlich, die Gipfel in Nebelschwaden gehüllt; Rauch schwelte an den Hängen, die Folge bewusst herbeigeführter Buschbrände. Wir fuhren über den schmalen Küstensaum zwischen Bergen und Meer, der immer noch der Regierung von Saigon gehörte. Das Wetter war umgeschlagen, oder sagen wir: Der Zug hatte uns aus dem ständigen Nieselregen in Hue entführt. Jetzt war es sonnig und warm. Die Vietnamesen stiegen auf die Dächer der Eisenbahnwagen und ließen die Beine über den Dachüberstand baumeln. Wir fuhren so nahe am Ufer entlang, dass wir das ständige Rauschen der Brandung hörten. Vor uns, in den kleinen Buchten, die noch näher an den Bahndamm heranreichten, glitten Fischerboote und Kanus über die schäumenden Brecher und liefen auf den Strand zu, wo Männer mit spitzen Kulihüten rund geknüpfte Netze schwangen und Krebse fingen.

Wir fuhren am Rand einer Bucht entlang, die grün im hellen Sonnenlicht schimmerte. Hinter den bewegten Jadestreifen ragte ein Steilfelsen auf, und daneben öffnete sich ein großes Tal, das mit Sonne, Rauch, Regen und Wolken erfüllt war – mit allem gleichzeitig –, und jedes trug seine Farbe zur Gesamtpalette bei. Auf diese Schönheit war ich nicht gefasst gewesen; sie überraschte mich und machte mich im gleichen Maß demütig, wie die Leere im ländlichen Indien mich demütig und klein gemacht hatte. Wer hat jemals ein Wort darüber verloren, dass die Höhenzüge Vietnams so unvorstellbar großartig sind? Zwar kann man kaum einem verängstigten Soldaten, den man eingezogen und nach Vietnam geschickt hat, einen Vorwurf daraus machen, wenn er für diese Pracht kein Auge gehabt hat; aber wir hätten uns längst denken können, dass die Franzosen Vietnam nicht besiedelt und die Amerikaner nicht so lange dort gekämpft hätten, wenn diese reife Fülle ihnen nicht ins Auge gefallen wäre und ihre Begehrlichkeit geweckt hätte.

»Das ist das Ashau-Tal«, sagte Kobra Eins, der bis dahin eine amüsante Parodie auf Walter Brennan geboten hatte. Die Bergzüge ragten bis in den Dunst hinein; unter ihnen, in Rauch und Sonnenschein, lagen tiefschwarze Schluchten, in denen Wasserfälle zu Tal stürzten. Kobra Eins schüttelte den Kopf. »Viele gute Männer haben hier den Tod gefunden.«

Geblendet von so viel Schönheit, ging ich durch den Zug und sah einen Blinden sich an die Tür vortasten – ich hörte, dass seine Lungen arbeiteten wie ein Blasebalg; verrunzelte alte Frauen mit schwarzen Zähnen und in schwarzer Hose und schwarzer Jacke drückten Weidenkörbe mit Bündeln von Frühlingszwiebeln an sich; Soldaten – einer, aschgrau im Gesicht, in einem Rollstuhl, einer auf Krücken, andere mit frischen Verbänden an den Händen und am Kopf, alle in jenen amerikanischen Uniformen, in denen sie wirkten wie Karikaturen von Soldaten. Ein Beamter ging durch den Zug und kontrollierte die Personalausweise der männlichen Zivilisten – er war offensichtlich auf der Jagd nach Männern, die sich der Einberufung entzogen hatten. Dieser Beamte verhedderte sich in einem Ende Schnur, das ein Blinder in der Hand hielt; das andere Ende war an der Taille eines Kindes befestigt, das ihm als Führer diente. Zwar waren viele der Soldaten im Zug bewaffnet, doch nach einem Begleitschutz sahen sie nicht aus. Schützen wollte man den Zug offensichtlich dadurch, dass man viele Soldaten an den Brücken zusammengezogen hatte; jedenfalls ist es leicht, den Zug mittels Minen in die Luft zu jagen. Diese Minen werden nachts unter die Gleise geschoben; fährt der Zug darüber hinweg, wird der Sprengsatz von einem Vietcong oder einem Bombenleger im Auftrag der Lastwagenfahrer in Danang gezündet und zur Detonation gebracht.

Zweimal während dieser Fahrt boten alte Frauen auf kleinen Haltestationen mir Kinder an – sie ähnelten den hellhäutigen und dunkelblonden Kindern, die ich in Can Tho und Bien Hoa gesehen hatte, nur, dass diese hier älter waren, vielleicht vier oder fünf Jahre. Es berührte mich merkwürdig, diese Kinder, die wie kleine Amerikaner aussahen, Vietnamesisch sprechen zu hören. Noch merkwürdiger berührte es mich, die kleinen vietnamesischen Bauern in dieser weiten Landschaft zu sehen, deren wunderschöne Bäume, Schluchten und jadegrünen Felsen ihren Feinden als Versteck dienten. Vom Zug aus konnte ich mein Auge den Bergen zuwenden und fast vergessen, durch welches Land ich fuhr – doch die Wahrheit lag näher und war grausamer: Erst hatte man den Vietnamesen übel mitgespielt und sie dann im Stich gelassen – es war fast so, als ob man sie in unsere Uniformen gesteckt, sie fälschlich für Amerikaner gehalten und auf sie geschossen hätte. Genau in dem Augenblick machten wir uns aus dem Staub, in dem sie sich zu dem Glauben durchgerungen hatten, dass man uns mit ihnen gleichsetzte. So einfach war es selbstverständlich nicht, doch diese Vorstellung kam der Wahrheit dieses Trauerspiels immer noch näher als die lautstark vorgebrachten Ansichten jener aufgebrachten Amerikaner, die, alles vereinfachend, den Krieg entweder als eine Kette von Ungeheuerlichkeiten, eine Folge rein politischer Irrtümer oder als eine abgebrochene Heldentat darstellen. Die Tragödie bestand darin, dass wir hingegangen waren, aber von Anfang an nicht vorgehabt hatten zu bleiben; Danang lieferte den Beweis dafür.

Der Zug befand sich unterhalb des gigantischen Hai-Van-Passes (»Pass der Wolken«), einer natürlichen Grenzscheide an der Nordseite von Danang, die eine ähnliche Funktion hatte wie der römische Limes. Gelang es den Vietcong, diesen Pass zu überschreiten, lag der Weg nach Danang für sie offen; schon jetzt hatten die Vietcong sich an den ferneren Berghängen eingenistet und warteten ab. Wie die anderen Gebiete zwischen Hue und Danang hatten die landschaftlich aufregendsten Berge und Täler die furchtbarsten Schlachtfelder gebildet. Auf der anderen Seite des Hai-Van-Passes fuhren wir in einen langen Tunnel ein. Ich war mittlerweile den ganzen Zug abgegangen und stand unter den hellen Scheinwerfern auf der vorderen Plattform der Diesellok. Vor uns löste eine große Fledermaus sich von der Decke und taumelte ungeschickt hin und her, stieß gegen die Wände und versuchte, immer ein Stück vor der ratternden Lokomotive zu bleiben. Die Fledermaus fuhr im Gleitflug in die Tiefe, berührte fast die Schiene, erhob sich, als das Ende des Tunnels in Sicht kam, wieder in größere Höhe, doch rückte die Lok ihr von Sekunde zu Sekunde mehr auf den Pelz. Sie wirkte wie ein Kinderspielzeug aus Papier und Holz, mit einem aufziehbaren Mechanismus im Inneren, der auslief, zuletzt war sie nur noch drei Meter von meinem Gesicht entfernt, ein braunes, von Entsetzen gepacktes Geschöpf, das mit den knochigen Flügeln flatterte. Ihre Kräfte ließen nach, sie sackte ein paar Handbreit ab, und dann, im Licht des Tunnelausgangs, stürzte sie zu Boden und wurde von den Rädern der Lokomotive überrollt.

Die »Straße ohne Freude« lag vor uns, als wir über ein kahles, baumloses Vorgebirge auf die Nam-Ho-Brücke zurasten, fünf dunkle Brückenbogen, die mittels rostigen Stacheldrahts gegen Unterwasseranschläge geschützt wurden. Das hier war die Wüstenei um Danang herum, eine abschreckende Ansammlung von lauter Nachschubbasen, die von der südvietnamesischen Armee und Obdachlosen besetzt worden waren; Unterkünfte, Hütten und Windschutzzäune – aus Kriegsmaterial gebaut; Sandkästen, Plastikplanen, Wellblech mit der Aufschrift U.S. ARMY und Packmaterial für Hilfssendungen karitativer Verbände. Danang selbst wurde ganz ans Meer abgedrängt; das gesamte umliegende Land war abgeholzt worden. Wenn je ein Ort ausgesehen hat wie verseucht – dann war es Danang.

Windgeschichten – Begebenheiten aus dem Bergdorf Hua Tat

Nguyen Huy Thiep

Im nordwestlichen Hochland, etwa eine Meile vom Fuße des Chieng-Dong-Gebirgspasses entfernt, liegt Hua Tat, ein kleines Bergdorf der Schwarzen Thai.

Rundherum von Bergen umgeben, ist Hua Tat eingebettet in ein schmales, lang gezogenes Tal, an dessen Ende sich ein kleiner See befindet, der nie austrocknet. Wenn der Herbst kommt, erblühen rings um den See wilde Chrysanthemen in so goldener Pracht, dass die Augen schmerzen.

Viele Pfade führen aus dem Tal von Hua Tat hinaus. Der mit Steinen gepflasterte Hauptweg ist breit genug für einen Büffel. Zu beiden Seiten drängen sich üppig Me loi, Bambus, Mangostane, Mangobäume und Hunderte Arten von Lianen, deren Namen man nicht kennt. Viele Menschen haben diesem Weg ihre Fußspuren eingeprägt, sogar die eines Kaisers sollen darunter sein, sagt man.

Das Tal von Hua Tat bekommt wenig Sonne: Das ganze Jahr über wabert hier ein dichter silberner Nebel, sodass Menschen und Tiere nur in verwaschenen Umrissen grob auszumachen sind. Diesem Nebel entspringen Märchen und geheimnisvolle Legenden und Mythen.

Viele alte Geschichten sprießen in Hua Tat, wie jene Wildblumen, die mit ihren goldenen, knopfkleinen Blüten überall die schmalen Gassen säumen. Männer, die diese Blumen im Mund behalten, macht Alkohol nicht betrunken. Die alten Geschichten gleichen auch den weißen Steinen mit der roten, feinen Maserung, die auf dem Grund der Bäche verborgen liegen. Die Frauen mögen diese Steine. Sie sammeln sie auf und wickeln sie für hundert Tage in ihr Unterhemd. Wenn sie dann das Nachtlager für ihren Mann herrichten, verstecken sie diese Steine darin. Von alters her weiß man, dass der Mann auf einer solchen Matratze nie von einer anderen Frau träumt.

Hua Tat ist ein kleines, abgeschiedenes Dorf. Die Bewohner führen ein einfaches, naturverbundenes Leben. Die Feldarbeit in den Bergen ist mühsam und kräftezehrend, und genauso verhält es sich mit der Jagd. Aber die Leute hier sind sehr großherzig und gastfreundlich.

Wenn ein Besucher nach Hua Tat kommt, wird er in den Kreis der ums Feuer Sitzenden gebeten und eingeladen, mit einem Röhrchen Reiswein aus einem Krug zu trinken und dazu einen Streifen Dörrfleisch vom Wild zu essen. Einem rechtschaffenen Gast wird das Familienoberhaupt Gelegenheit geben, einer der alten Legenden zu lauschen. Es mag sein, dass viele dieser alten Geschichten oft von dem Elend der Menschen erzählen, aber wenn wir diese Not wirklich verstehen, wird sich aus diesem Verstehen heraus ein edelmütiges Herz entfalten.

Die Menschen dieser alten Geschichten von Hua Tat leben heute nicht mehr. Sie sind ganz und gar zu Asche und Staub geworden. Ihre Seelen jedoch flimmern noch immer über den Khau cut der Pfahlhäuser.

Wie die Winde.

Bua

In Hua Tat lebte eine Frau namens Lo Thi Bua. Sie war anders als die anderen. Niemand grüßte sie auf der Straße. »Sie ist eine Hexe! Komm ihr nicht zu nahe!«, warnten die Eltern ihre Kinder und die Frauen ihre Männer.

Bua war eine anziehende junge Frau. Sie war hochgewachsen, hatte starke, gesunde Hüften, einen kräftigen, muskulösen Körper, weiche, volle Brüste. Sie war immer heiter, sie schien ein Licht auszustrahlen, das die Herzen der Menschen zu ihr hinzog.

Bua lebte allein mit ihren neun Kindern. Niemand wusste, wer deren Vater war. Nicht einmal Bua selbst vermochte genau den Vater jedes einzelnen Kindes zu nennen. Sehr viele Männer waren zu ihr gekommen und hatten sie dann verlassen. Junge Burschen, deren Atem noch nach Milch roch und die noch viel zu unerfahren für eine Vaterschaft waren, ältere, erfahrene Männer, mutige Jäger, geizige Kerle ... Jeder von ihnen kam auf seine eigene Weise zu Bua, und jeder verließ sie aus anderen Gründen. In Liebesdingen verhält sich das männliche Geschlecht für gewöhnlich rational und ohne Pflichtgefühl, das weibliche Geschlecht vertrauensselig und hingebungsvoll bis zur Selbstaufgabe. Bua empfing alle Männer, die zu ihr kamen, gleichermaßen feurig und zeigte sich gleichermaßen gleichgültig gegenüber denjenigen, die sie verließen. Sie zog die vaterlosen Kinder, die sie gebar, alleine auf. Mit keinem Mann im Dorf war sie fest liiert. Vor aller Augen lebte sie allein und schamlos. Niemand konnte ahnen, ob sie irgendetwas auf die öffentliche Meinung gab.

Die vielköpfige Familie lebte einhellig und mittellos zusammen. Die Frauen im Dorf waren wütend, sie zischten verächtliche Worte durch die Zähne. In Wirklichkeit fürchteten sie sich. Die Männer im Dorf spotteten lüstern. Dicht gedrängt saßen sie mit fiebrig glänzenden Augen geifernd am Feuer.

In Hua Tat hatte jeder eine ordentliche eigene Familie. Jeder musste in Einklang mit der Überlieferung leben, die Frauen mussten Männer haben, die Kinder einen Vater. So eine unvorstellbare Familie hatte es doch noch nie gegeben? Die Frau ohne Mann! Die Kinder ohne Vater! Neun Kinder! Neun Kinder – und keines glich dem anderen! Wie eine Epidemie zogen Spott und Hohn durchs Dorf, befielen die Frauen wie eine Läuseplage, die Männer wie Fieber … Am heftigsten betroffen waren die Frauen. Sie drängten die Männer, eine Lösung zu finden und diesen Zustand zu beenden: Entweder müsse man Bua aus dem Dorf jagen oder die Väter dieser Kinder ausfindig machen. Wie könnte man eine solche Familie weiterhin in der Dorfgemeinschaft dulden? Diese Kinder würden heranwachsen und männliche beziehungsweise weibliche Gemeindemitglieder werden. Und dann würden sie jegliche Tradition zerstören.

Ein Treffen der Männer von Hua Tat wurde mehrmals vereinbart, fand aber nie statt. Viele Männer trugen mit Schuld an diesem Problem. Sie hatten ein schlechtes Gewissen. Hervorzutreten und sein Kind anzuerkennen, wagte keiner. Sie fürchteten die Zungen ihrer gutgläubigen, treuen Frauen. Sie fürchteten die öffentliche Meinung. Und vor allem fürchteten sie ein Leben in Armut. Merkwürdigerweise wuchsen in jenem Jahr im Wald von Hua Tat ungeheure Mengen von Wildkartoffeln. Ohne Anstrengung konnte man riesige Knollen ausgraben. Sie waren bröckelig, dufteten frisch und reichhaltig. Auf kleiner Flamme geschmort, zerfielen sie; es war wundervoll, sie so heiß zu essen, dass sie den Gaumen verbrannten. Auch Bua und ihre Kinderschar zogen hinaus, um die Knollen auszugraben. Der Wald war duldsam und freigebig gegenüber jedermann.

Eines Tages, als sie wieder nach Knollen stocherten, stießen Bua und ihre Kinderschar auf einen schartigen Tonkrug, die Glasur stumpf wie die Haut eines uralten Aals. Bua säuberte die Öffnung des Kruges von der Erde und sah mit Erstaunen, dass der Krug mit funkelnden Gold- und Silberstücken gefüllt war. Sie wurde schwach, zitterte am ganzen Körper, fiel auf die Knie, das Gesicht mit Freudentränen überströmt. Alle ihre Kinder strömten herbei und umringten ängstlich starrend ihre Mutter.

Im Handumdrehen war aus einer armen und gering geschätzten Frau die reichste des Dorfes geworden.

Jetzt brauchten die Männer des Dorfes keine Versammlung wegen Bua mehr abzuhalten. Einer nach dem anderen kam zu Buas Haus, um sein Kind anzuerkennen. All die gutgläubigen und treuen Frauen drängten ihre Männer, hinzugehen und sich zu einem Kind zu bekennen. Es stellte sich heraus, dass es nicht nur neun Väter gab, auch nicht nur zwanzig; ihre Zahl stieg sogar auf fünfzig. Bua erkannte jedoch keinen von ihnen als Vater eines ihrer Kinder an. Aber alle, die kamen, erhielten ein Geschenk, um ihre rechtmäßigen Frauen zufriedenzustellen.

Am Ende des Jahres heiratete Bua einen Jäger, einen gutherzigen, kinderlosen Witwer. Vielleicht war es diesmal Liebe, denn in ihrer Hochzeitsnacht vergoss sie viele Tränen vor lauter Glück. Mit den früheren Männern hatte sie nie geweint.

Dann sollte Bua zusammen mit ihrem Mann noch ein Kind bekommen, ihr zehntes Kind, aber sie war anscheinend nicht in der Lage, ein Kind auf angemessene und der Tradition entsprechende Weise zu gebären. Sie starb mitten während der Geburtswehen unter einem Berg warmer Decken.

An ihrem Begräbnis nahm die ganze Gemeinde von Hua Tat teil. Alle Männer, alle Frauen, alle Kinder. Sie hatten ihr vergeben, und vielleicht hatte auch sie ihnen vergeben.

Das glücklichste Fest

Ha Thi E war die Tochter des Dorfvorstehers Ha Van No. Nie hatte es ein schöneres Mädchen gegeben als E. Ihre Taille glich der einer Goldameise, ihre Augen strahlten wie die Sterne Khun Lu und Nang Ua, ihre Stimme war weich und wohlklingend. Wenn sie lachte, klang es hell und unbeschwert. Ihre Schönheit war unübersehbar, aber auch in ihrer Tugendhaftigkeit wurde sie von kaum jemandem übertroffen. Sie war der Stolz der Leute von Hua Tat. Alle hofften, dass sie einen Mann finden möge, der ihrer würdig sei. Auch der Dorfvorsteher Ha Van No wünschte dies, und mit ihm die Dorfältesten. Ein so anmutiges und schönes Mädchen wie E einem Unwürdigen anzuvertrauen, wäre ein Vergehen gegen Then, denn sie war doch Thens Geschenk an die Menschen von Hua Tat.

Wer kam infrage? Das ganze Dorf diskutierte. Viele wollten gerne Schwiegersohn des Dorfvorstehers Ha Van No werden, junge Männer aus Hua Tat und auch von außerhalb. Die Dorfältesten blieben eine ganze Nacht auf, tranken mit Trinkröhrchen fünf Krüge Reiswein und beschlossen dann, eine Prüfung abzuhalten, um denjenigen als Mann für E auszuwählen, der die wertvollste, aber gleichzeitig seltenste Tugend aufweisen würde. Welche Tugend würde das wohl sein? Wer würde diese Tugend besitzen? Alle jungen Männer hockten diskutierend um die Küchenfeuer; wer weiß, wie viel Alkohol und Fleisch dabei vertilgt wurde. Offenbar können die jungen Leute heutzutage bei reinem Wasser nicht nachdenken …

Einige Tage darauf trat ein unerschrockener junger Mann vor den Dorfvorsteher und die Dorfältesten: »Mut ist die wertvollste und gleichzeitig seltenste Tugend. Ich bin derjenige, der diese Tugend besitzt!« – »Beweise es uns!«, antwortete der Dorfvorsteher.

Der junge Mann ging in den Wald. Am Nachmittag kehrte er zurück, auf der Schulter ein erlegtes Wildschwein. Das Wildschwein wog mehr als einen Doppelzentner, seine harten Borsten glichen Igelstacheln, und noch im Tod waren seine tückischen Augen blutunterlaufen. Der junge Mann ließ das Wildschwein zu Boden fallen, seine Augen blitzten hell, sein Körper schien von einem strahlenden Lichtschein umgeben. Alle priesen ihn.

Der Dorfvorsteher sagte zu seiner Tochter: »Du siehst, der Junge ist wirklich mutig. Er hat seinen Mut bewiesen!«

E lächelte, ihr Herz klopfte heftig, wenn sie in die tapferen Augen ihres Bewerbers blickte. In diesen Augen brannte ein Feuer. Aber E besaß eine natürliche Klugheit und wusste deshalb, dass mutige Menschen sich oft hinreißen lassen von ihrer eigenen Vollkommenheit.

Sie antwortete: »Richtig, verehrter Vater! Der Junge hat uns seinen Mut bewiesen ... Das ist wirklich eine sehr wertvolle Tugend ... Aber, verehrter Vater, Mut ist sicherlich eine sehr wertvolle, jedoch keineswegs eine besonders seltene Tugend, denn der junge Mann brauchte lediglich vom Morgen bis zum Nachmittag, um sie uns zu beweisen.«

Alle Dorfältesten nickten mit dem Kopf. Es Worte fanden ihre Zustimmung. Das Wildschwein wurde zerteilt. Die ganze Nacht durch tanzten die Dorfleute den Xoe, um den Mut zu feiern, die Tugend, die zwar wertvoll, aber nicht selten ist. Tatsächlich besaßen viele junge Männer des Waldes diese Tugend ...

Einige Zeit darauf trat ein klug und gescheit aussehender junger Mann vor den Dorfvorsteher und die Dorfältesten: »Klugheit ist die wertvollste und gleichzeitig seltenste Tugend. Ich bin derjenige, der diese Tugend besitzt!« – »Beweise es uns!«, antwortete der Dorfvorsteher.

Der junge Mann ging in den Wald. Am Nachmittag kehrte er mit einem Paar Ottern zurück, beide unverletzt. Ottern sind die klügsten Tiere des Waldes, sie sind außerordentlich sensibel und flink, sie zu fangen, erfordert nahezu übermenschliche Fähigkeiten. Der junge Mann lächelte. Seine Augen blitzten hell, sein Körper schien von einem strahlenden Lichtschein umgeben. Alle priesen ihn.

Der Dorfvorsteher sagte zu seiner Tochter: »Du siehst, der Junge ist wirklich klug. Er hat seine Klugheit bewiesen!«

E lächelte, wieder klopfte ihr Herz heftig. In den Augen ihres Bewerbers brannte ein Feuer, tobte ein Sturm. Aber kluge Menschen werden sich irgendwann grämen, vielleicht ein unglückliches Schicksal erleiden. Sie wissen zu viel …

Sie antwortete: »Verehrter Vater, der Junge hat uns seine Klugheit bewiesen. Aber, verehrter Vater, Klugheit ist sicherlich eine sehr wertvolle, jedoch keineswegs besonders seltene Tugend, denn der junge Mann brauchte lediglich vom Morgen bis zum Nachmittag, um sie uns zu beweisen.«

Alle Dorfältesten nickten mit dem Kopf. Das Fleisch der beiden Ottern wurde zubereitet. Die ganze Nacht durch tanzten die Dorfleute den Xoe, um die Klugheit zu feiern, die Tugend, die zwar wertvoll, aber nicht selten ist. Tatsächlich besaßen viele junge Männer des Waldes diese Tugend …

Einige Zeit darauf erschien ein dicker junger Mann zu Pferde vor dem Dorfvorsteher und den Dorfältesten: »Reichtum ist die wertvollste und gleichzeitig seltenste Tugend. Ich bin derjenige, der diese Tugend besitzt!« Mit diesen Worten warf der Dicke unzählige Gold- und Silberstücke auf den Boden. Den Leuten gingen die Augen über. Der Dorfvorsteher und die Dorfältesten schwiegen stumm. Sie hatten noch niemals einen so unglaublich reichen Mann gesehen.

»Reichtum muss man nicht beweisen«, sagte der Dicke.

Alle Dorfältesten nickten mit dem Kopf. Auch der Dorfvorsteher nickte mit dem Kopf. Der Dicke lächelte, in seinen

Augen brannte ein Feuer, tobte ein Sturm, und sogar die Dunkelheit der Nacht war in ihnen zu sehen. Sein Körper schien von einem strahlenden Lichtschein umgeben.

Der Dorfvorsteher fragte E: »Nun, mein Kind … Ist Reichtum die wertvollste und gleichzeitig seltenste Tugend?«

»Er ist sicherlich sehr selten«, antwortete E, »aber Reichtum ist nicht wertvoll. Denn nur Verlogenheit zahlt sich aus … Man kann nicht reich sein, ohne zu lügen.«

Die Dorfältesten brachen in Lachen aus. Wieder tanzte man die ganze Nacht durch den Xoe, um den Reichen zu feiern.

Schließlich kam ein junger Mann aus Hua Tat, um sich dem Dorfvorsteher und den Dorfältesten vorzustellen: Es war Hac, eine Waise, der beste Jäger des Dorfes. Hac erklärte jedem: »Aufrichtigkeit ist die wertvollste und gleichzeitig seltenste Tugend.« – »Beweise es uns!«, verlangten sie.

»Aufrichtigkeit ist nicht eine silberne Halskette, die für jeden sichtbar ist und die jeder anfassen kann«, antwortete Hac. Alle redeten erregt durcheinander, die Dorfältesten berieten sich. »Du musst es beweisen!«, schrie der Dorfvorsteher mit vor Zorn glutrotem Gesicht, als er sah, mit welch liebevollem Blick E Hac bedachte. »Wer glaubt dir? Wer sagt, dass dieser Junge wirklich aufrichtig ist?«, fragte der Dorfvorsteher.

»Then weiß es!«, antwortete Hac.

»Ich weiß es auch!«, erklärte E feierlich.

»Das ist verrückt!«, brüllte der Dorfvorsteher. Er schaute Beistand suchend zu den Dorfältesten hin. Er wusste, dass die Alten immer einen einfachen Ausweg aus allen Wirrungen des Lebens finden.

»Du musst zu Then beten!«, sagte ein Dorfältester zu Hac. »Zurzeit herrscht Dürre. Alle Mo sind völlig ausgetrocknet. Zum Beweis deiner Aufrichtigkeit bitte Then um Regen!«

Am Mittag des darauffolgenden Tages errichteten die Dorfleute von Hua Tat einen Altar. Die Luft war erstickend schwül. Hac trat an den Altar, hob die Augen zum Himmel und sagte: »Ich führe ein Leben in Aufrichtigkeit, obwohl ich weiß, dass das immer mit Schmerzen und Bitterkeit verbunden ist. Aber wenn einem aufrichtigen Herzen vergeben wird und es die Liebe in die Welt tragen kann, dann möge der Himmel es bitte regnen lassen.«

Der Himmel schwieg still. Plötzlich kam von irgendwoher ein leiser Hauch. Die Baumwipfel im Wald begannen zu säuseln. Kleine Staubwölkchen wurden vom Erdboden hochgewirbelt.

Am Nachmittag ballten sich dicke Regenwolken am Himmel zusammen, und mit Einbruch der Dunkelheit goss es in Strömen.

Dieses Mal tanzten die Leute den Xoe eine ganze Mondphase lang, um die Hochzeit von Hac mit der Tochter des Dorfvorstehers zu feiern. Das war das fröhlichste Xoe-Fest in Hua Tat. Alle waren betrunken. Jeder Hauspfosten, ja sogar jeder Baum im Garten war eingeladen, ein großes Trinkhorn Alkohol zu leeren.

Folgen der Überheblichkeit – Eine Geschichte vom Grashüpfer Men

To Hoai

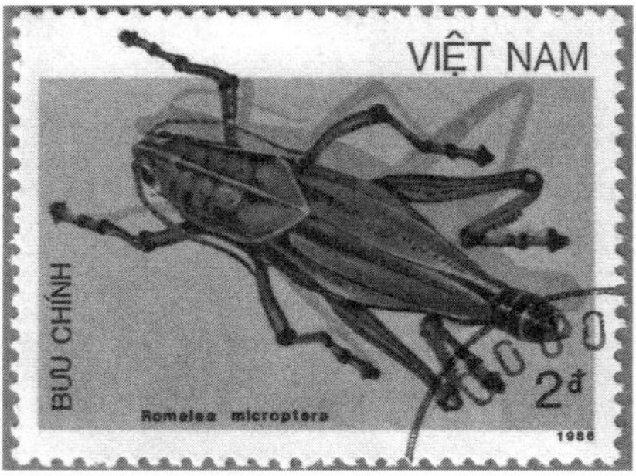

Von frühester Kindheit an war ich mein eigener Herr. Das ist bei uns Grashüpfern seit vielen Generationen so.

Auch sagte meine Mutter oft: »Kinder, ihr müsst lernen, euch selbst zu ernähren. Wer sich immer nur von den Eltern durchfüttern lässt, gewöhnt sich daran, sich stets auf andere zu verlassen. Das ist ganz hässlich, und wenn er dann ins Leben tritt, wird er niemals etwas Vernünftiges erreichen.« Deshalb war sie darauf bedacht, all ihre Jungen gleich nach der Geburt zur Selbstständigkeit zu erziehen.

Wir waren drei Brüder. Bei der Mutter blieben wir nur zwei Tage. Am dritten führte sie uns hinaus; wir trippelten hinter ihr her, aufgeregt, ängstlich und fröhlich zugleich. Sie übergab jedem von uns eine Erdhöhle am Feldrain gegenüber. Von dort aus konnte man den ganzen Teich überblicken. Ich weiß nicht, wie und wann sie die Zeit gefunden hatte, diese Höhlen zu graben und sie sorgfältig zu Wohnungen für uns herzurichten.

Weil ich der Jüngste und Kleinste war, legte mir die Mutter noch einige frische Grasspitzen vor die Tür, damit ich für ein paar Tage – bis ich mich eingewöhnte – etwas zu essen hätte.

Dann ging sie fort.

Ich war nicht besonders traurig. Im Gegenteil, ich war sogar in gehobener Stimmung, weil ich nun in diesem weiträumigen, kühlen Haus allein war. Das Herz voller Dankbarkeit für meine Mutter, machte ich mich gleich daran, die ganze Höhle zu untersuchen. Als ich mir alles gründlich besehen hatte, trat ich vor die Tür und legte den Kopf in den Nacken. Zwischen den spitzen und scharfrandigen Grashalmen erblickte ich einen durchsichtig blauen Himmel. Ich räusperte mich, schüttelte mein kleines Flügelpaar, das mir gerade erst bis zu den Achseln reichte, und sang vor Begeisterung laut heraus.

Von nun an ging ich meinen eigenen Weg. Ob mir Glück oder Unglück beschieden sein würde, sollte von meinem Verstand oder Unverstand abhängen. Aber das brauchte ich noch nicht zu wissen und vorherzusehen. Ein ungebundenes Leben ist eine angenehme Sache. Nutzt jede Gelegenheit dazu!

Die Tage verliefen alle gleich. Von früh bis spät machte ich mir ganz hinten in der Höhle zu schaffen. Eifrig schaufelte ich, hob eine große Grube aus und richtete sie mir als luxuriöses Bett ein. Weitsichtig wie eigentlich nur die Alten unter uns Grashüpfern, legte ich zwei Nebenhöhlen an und schuf mir ein Netz von Nebengängen, Hintertüren und hoch gelegenen Verstecken, damit ich im Fall einer Gefahr auf einem anderen Weg entwischen konnte.

Gegen Abend gönnte ich meinen Beinen Ruhe. Ich traf mich draußen vor der Tür mit den Nachbarn, die auch am Feldrain wohnten, in der Dämmerung ein Konzert gaben und der scheidenden Sonne ein Ständchen darbrachten.

Wenn die Nacht sich endgültig herabgesenkt hatte, geriet unser ganzes Dorf in Feststimmung. Alle, sogar die allerältesten, von den Jahren gebeugten Grashüpfer, kamen heraus und versammelten sich in der kühlen Dunkelheit, mitten auf der Wiese, tranken Tau und aßen feuchtes Gras, die talentierteren klimperten und bliesen auf ihren Instrumenten, wir sangen gemeinsam und tanzten wunderschöne Tänze, bis es hell wurde. Erst wenn sich die Sonne majestätisch im Osten zeigte, löste sich die Gesellschaft auf, und jedermann ging nach Hause.

So gab es jeden Tag, jede Nacht, jeden Morgen und jeden Abend reichlich Arbeit und mannigfaltige Zerstreuung. Ehrlich gesagt, so ein bequemes und sorgloses Leben ist wohl anfangs recht interessant, allmählich aber wird es langweilig.

Ich aß und trank in Maßen und teilte meine Kräfte bei der Arbeit vernünftig ein, weshalb ich auch sehr rasch wuchs. Nicht lange, und ich war ein kräftiger junger Grashüpfer. Meine Schenkel waren fest und glänzend. Die Sägezacken an meinen Beinen erstarkten und wurden messerscharf. Manchmal hob ich, um ihre Gefährlichkeit zu erproben, den Fuß und trat blitzschnell nach ein paar Gräsern. Die Halme brachen, als wäre jemand mit einer Sense darübergefegt. Meine beiden Flügel, bis dahin noch ganz kurz, bedeckten bald als langes Kleid den ganzen Leib. Wann immer ich sie schwang, ertönte ein lautes Rauschen. Wenn ich spazieren ging, glänzte mein brauner Körper wie geölt, ja, man konnte sich darin spiegeln. Er war wirklich hübsch anzuschauen. Mein Kopf war groß und eckig, ein richtiger Dickschädel. Die beiden lackschwarzen Schneidezähne kauten immerfort und klapperten wie zwei mechanische Sicheln. Meine Fühler waren lang und äußerst kühn gebogen. Auf dieses Fühlerpaar war ich allen Bekannten gegenüber sehr stolz. Ab und zu hob ich feierlich und gesetzt die Vorderbeine und strich darüber hin.

Mein Gang war überaus gravitätisch. Bei jedem Schritt federte ich in den Knien und bewegte die Fühler auf und nieder. Ich wollte so den Anschein erwecken, als stammte ich aus einer alten Soldatenfamilie. Damals war ich sehr dreist. Mit allen Bewohnern der Siedlung suchte ich Händel. Ich brauchte nur die Stimme zu heben, und jedermann gab nach, niemand widersprach mir. Wahrscheinlich, weil mich alle schon gut genug kannten. Man sagte nichts, vielleicht mehr aus Anstand als aus Angst. Ich jedoch glaubte, niemand wage zu mucksen. Also dünkte ich mich Wunder wie großartig. Die Jugend hält in ihrem Leichtsinn unvernünftiges Benehmen fälschlicherweise für ein Zeichen von Kühnheit. Ein paar junge Heuschreckenmädchen vom Stamme der Cao Cao, die draußen am Ufer wohnten, putzte ich so herunter, dass sie ihre an Xoan-Früchte erinnernden Gesichter jedes Mal im Gras verbargen, wenn sie mich vorübergehen sahen, und kaum wagten, die Augen zu heben und hervorzublinzeln. Manchmal stach mich der Hafer, und ich versetzte dem schlammbedeckten, fassungslosen Wasserläufer Gong Vo, der gerade aus dem Morast hervorkam, kräftig eins mit dem Fuß. Nun fühlte ich mich erst recht als Mordskerl und meinte, ich könnte mich an die Spitze der ganzen Welt stellen.

Aber ach, woher sollte ich es wissen: Herzlosigkeit, Überheblichkeit und Ungezogenheit führen einzig und allein dazu, dass man die Folgen seiner dummen Streiche am eigenen Leib zu spüren bekommt. Genau das musste ich erfahren. Jetzt, wo das Unheil schon vorüber ist, fühle ich noch immer tiefe Reue. So ist es eben, wenn wir ohne Überlegung handeln und aus Leichtsinn Dummheiten anstellen: Wir können es hinterher noch so sehr bedauern, es ist nicht mehr zu ändern. Deshalb möchte ich die Geschichte meiner ersten inneren Einkehr erzählen, die ich mir fürs ganze Leben gemerkt habe.

In der Nachbarschaft lag die Höhle eines Grashüpfers namens Kümmerling. Diesen Spottnamen hatte ich ihm selbst gegeben. Er war ungefähr in meinem Alter. Aber weil er von Geburt an schwächlich war, nahm ich ihn nicht für voll, und er wiederum fürchtete mich sehr.

Dieser Kümmerling war spillrig und dürr wie ein Opiumsüchtiger. Er war schon fast erwachsen, doch seine Flügel waren nur kurz und reichten kaum bis zur Mitte des Rückens, sodass die Rippen zu sehen waren; es sah aus, als trage er auf dem nackten Körper nichts als eine Weste. Die hässlichen Oberschenkel waren unförmig und dick. Seine Fühler waren erbärmliche Stummel, und sein Gesicht hatte stets einen etwas einfältigen Ausdruck. Außerdem war er von Natur aus bummelig. (In Wirklichkeit konnte er nicht richtig arbeiten, weil er ständig kränkelte.) Auch die Höhle, in der er wohnte, hatte er nur flach in die Erde hineingekratzt; sie war längst nicht so tief und hatte nicht so zahlreiche Seitengänge wie meine.

Eines Tages besuchte ich ihn, und als ich die Unordnung und das Durcheinander sah, bemerkte ich: »Bruderherz, in was für einer Schlamperei lebst du bloß! Und so was soll eine Wohnung sein? Wenn dir jemand Böses will, bist du hier im Handumdrehen verloren. Sieh doch mal, wie du dich auch in dein Nest drückst, immer ragt ein Teil deines Rückens aus der Erde und lässt jeden, der oben im Gras steht und hersieht, genau erkennen, wo du in deinem Nest gehst und stehst. Angenommen, es kommt ein Habicht, der dich bemerkt und für eine fette Beute hält, so braucht er nur einmal zuzuhacken, und schon hat er dich genau in den Rücken getroffen. Dann kannst du gleich der Welt Lebewohl sagen. O weh, Brüderchen! Du bist schon so groß und hast keinen Funken Verstand!«

In Wahrheit sagte ich das alles nur, um ein wenig das Maul zu wetzen. Für die Seufzer des Kümmerlings war ich taub. Damals war ich sehr selbstzufrieden. Wenn ich sprach, hatte ich nur für mich selbst Ohren, für niemanden sonst. Ja, ich achtete nicht einmal darauf, ob mir überhaupt jemand zuhörte.

Der Grashüpfer Kümmerling antwortete mir ganz niedergeschlagen: »Verehrter Herr Bruder, ich möchte ja auch gern so klug sein, aber es gelingt mir eben nicht. Wenn ich eine Arbeit nur anrühre, gerate ich schon außer Atem. Ich bin einfach nicht in der Lage, noch weiter zu graben. Natürlich habe ich mir schon oft überlegt, dass so ein Leben recht gefährlich ist, aber arm an Kräften, wie ich bin, habe ich viele Monate ununterbrochen nachgedacht und weiß mir doch nicht zu helfen. Das heißt, ich hätte zwar eine Idee, aber darüber wage ich nur mit Ihrer gütigen Erlaubnis zu sprechen ...«

Zaghaft strich er wie eine Katze um den heißen Brei. Ich musste ihm erst zureden: »Na gut, erzähl schon, was du auf dem Herzen hast.«

Kümmerling sah mich an und sagte: »Sie waren so mitfühlend zu mir, vielleicht könnten Sie mir helfen, einen kleinen Gang zu Ihrem Haus zu graben, damit ich schnell entwischen kann, falls es eines schwarzen Tages jemand auf mich abgesehen hat ...«

Er hatte den Satz kaum beendet, da bleckte ich schon die Zähne und gab ein langes, verächtliches Zischen von mir. Dann fuhr ich ihn an: »Phhh! Einen Gang zu mir ins Haus? Hört sich ja gut an! Du stinkst doch wie eine alte Eule, wie soll ich das denn aushalten? Also lass das Theater und hör auf mit dem Gewinsel! Wenn du dein Nest so flach gegraben hast, musst du eben dran glauben!« Und ohne die geringsten Gewissensbisse ließ ich ihn stehen.

Eines späten Nachmittags stand ich wie so oft in der Tür und schaute zu, wie die Dämmerung hereinbrach. Ein paar Tage zuvor hatte es stark geregnet, deshalb war das Wasser in den Tümpeln rings um die Wiese weit über die Ufer getreten. Es wimmelte darin von Krabben und Fischen, und unzählige Störche, Kraniche, Rohrdommeln, Kormorane, Ginsengfresser, Pelikane, Krickenten, Wildenten, Stockenten und Spießenten kamen auf Beutesuche von ärmeren Flüssen in unsere Gefilde geflogen. Den ganzen Tag über zankten sie sich lärmend in allen Winkeln des Teiches, manchmal nur wegen eines winzigen Krebses. Es waren furchtbar abgemagerte Störche darunter, die schon ganz violette Beine hatten vom tagelangen Waten in Wasser und Schlamm. Keinen Bissen hatten sie erhaschen können. Die Schwachen haben es eben immer schwer. Sie bemühen sich mit aller Kraft und haben doch nicht genug zum Leben. Ich stand in der sinkenden Sonne vor meiner Tür, die vom Widerschein der Strahlen im Wasser golden schimmerte, und sann beklommen über das bejammernswerte Dasein dieser Ärmsten nach.

Auf einmal sah ich, wie ein Kormoran von der Wasserfläche aufflog und sich nahe meiner Höhle niederließ, nur wenige Schritte von mir entfernt. Er hatte wohl irgendwo einen guten Happen erwischt, ihn soeben erst verzehrt und suchte nun ein kühles Plätzchen, um Gefieder und Schnabel zu putzen.

Ich war reichlich übermütig. Obwohl ich gar nichts mit ihm zu schaffen hatte, dachte ich mir gleich etwas aus, wie ich ihn necken könnte. Ich rief nach dem Kümmerling. Der meldete sich erschöpft, und ich fragte ihn: »Bruderherz, wollen wir uns zusammen einen kleinen Spaß erlauben?«

»Was für einen Spaß? Ich habe gerade einen Asthmaanfall«, presste er keuchend heraus.

»Einfach so, ein bisschen Schabernack treiben.«

»Wie denn?«

»Mit dem alten Kormoran dort.«

Der Kümmerling kam an die Tür und blinzelte nach dem Vogel. Dann fragte er: »Etwa mit dem wohlbeleibten Herrn Kormoran da draußen?«

»Genau.«

»Bloß nicht«, stöhnte er. »Ich flehe Sie an, reizen Sie ihn lieber nicht. Sie müssen sich vorsehen ...«

Ich funkelte mit den Augen. »Wovor denn vorsehen? Was bildest du dir ein, soll ich vielleicht Angst haben? Ich bin der

Grashüpfer Men, wie kannst du wagen, mir zu sagen, dass irgendjemand mehr zu fürchten sei als ich!«

»Verehrter großer Bruder, wenn das so ist … ojemine … erlauben Sie wenigstens mir, Angst zu haben. Bitte, amüsieren Sie sich allein.«

Ich beschimpfte den Kümmerling: »Tölpel! Sperr die Augen auf und sieh dir an, wie ich dieses Federvieh aufziehen werde!«

Dann wartete ich ab, bis der Kormoran beim Putzen den Kopf in Richtung meiner Höhle drehte, und zirpte mit lauter, melodischer Stimme:

»Störche, Reiher, Pelikane hupfen,
fett sind alle, welchen soll ich rupfen?
Ich fange mir den dicken alten Kormoran
und brate ihn, verspeise ihn mit Majoran!«

Der Vogel fuhr zusammen, als plötzlich Gesang scheinbar direkt aus der Erde erschallte; er schlug erschrocken mit den Flügeln und wollte auffliegen. Als er wieder zu sich kam, quollen ihm vor Wut fast die Augen aus dem Kopf. Kampflustig spreizte er die Schwingen, stakste auf meine Höhle zu und fragte: »Was für ein Halunke erlaubt sich hier Anspielungen? Wer hat was zu mir gesagt?«

Ich schlüpfte eilig hinein, warf mich unbekümmert aufs Bett und schlug die Beine übereinander. Tobe du nur, dachte ich. Und wenn du dir den Kopf in winzige Stückchen zerreißt, er wird doch nicht so klein, dass du zu mir in mein Nest eindringen kannst!

Doch da geschah ein Unglück, das ich Egoist nicht vorherzusehen vermochte. Und das kam so: Der Kormoran konnte zwar mich nicht sehen, aber er erblickte den Kümmerling, der sich in der Tür herumdrückte. Der Vogel schrie gleich los: »Was hast du da gesagt?«

»Haben Sie Erbarmen, ich habe ja überhaupt nichts gesagt!« Mein Nachbar versuchte, in seinen Bau zu flüchten.

»Du streitest es auch noch ab? Dir werd ich! Dir werd ich!« Und bei jedem »Dir werd ich!« versetzte ihm der Kormoran eins mit dem Schnabel. Der ähnelte einer eisernen Ahle; er bohrte sich tief in die Erde. Von zwei Hieben getroffen, krümmte sich der Kümmerling mit verletztem Rückgrat in der Höhle und schrie aus vollem Hals. Sogar im Schutz meines Versteckes war mir noch schrecklich zumute, beschämt verbarg ich mich und gab keinen Laut von mir. Der Vogel aber, nachdem er seine Wut befriedigt hatte, putzte noch eine Weile sein Gefieder und flog dann wieder hinunter zum Teich, ohne sich im Geringsten um das von ihm verursachte Elend zu kümmern.

Als ich mich vergewissert hatte, dass er verschwunden war, kroch ich vorsichtig nach oben. Als der Kümmerling mich sah, begann er, bitterlich zu weinen.

Ich fragte dümmlich: »Was ist denn? Was hast du?«

Er konnte schon nicht mehr aufstehen. Kaum noch atmend, lag er da. Als ich das sah, kniete ich nieder, hob seinen Kopf an und klagte: »Wie konnte ich denn wissen, dass die Geschichte so einen schlimmen Verlauf nehmen würde! Ich bereue sehr. Ich bin untröstlich! Sie sterben, weil ich so grenzenlos dumm war. Wie kann ich diese Schuld jemals wiedergutmachen?«

Die Antwort, die mir der Kümmerling gab, hatte ich nicht erwartet: »Schon gut, ich war sowieso krank und schwach, ich kann ruhig sterben. Aber bevor ich die Augen schließe, sage ich Ihnen eines: Wenn man sich im Leben angewöhnt, roh und gedankenlos zu sein, wenn man Verstand hat und ihn nicht zu gebrauchen weiß, wird man über kurz oder lang selbst dafür bestraft.«

Damit gab er seinen Geist auf. Ich bedauerte ihn sehr. Bedauerte und bereute meine Schuld. Hätte ich den Kormoran nicht gereizt, wäre dem Kümmerling nichts geschehen. Und ich … Wenn ich nicht schnellfüßig in die Höhle geflohen wäre, wäre auch ich einen sinnlosen Tod gestorben. Wahrlich, der reinste Wahnsinn!

Ich begrub die Leiche des Kümmerlings in einem üppigen Rasenstück und schüttete darüber einen großen Grabhügel auf. Lange stand ich in tiefem Schweigen da und dachte über diese erste Lektion auf meinem Lebensweg nach.

Die Legende vom zurückgegebenen Schwert

Im Jahre 1418 wohnte in Sam Son, einem kleinen Küstenort der Provinz Thanh Hoa, ein einfacher, armer Fischer namens Le Loi. Sein Leben war hart. Tag für Tag fuhr er mit seinem Bambusfloß hinaus in die Buchten der stark zerklüfteten Küste, um sein Netz in die See zu werfen. Oftmals überraschte ihn auf dem Wasser ein Taifun. Meterhohe Wellen fassten das leichte Gefährt und trugen es hinaus aufs offene Meer, dorthin, wo die großen chinesischen Dschunken auf Fischfang lagen. Es waren Schiffe mächtiger Kaufleute aus Fuzhou, einer Stadt an der südchinesischen Küste, unweit der Insel Taiwan. Die Fische in den vietnamesischen Gewässern galten als besonders wohlschmeckend und waren in getrocknetem Zustand ein auf den Märkten von Kanton gern gekaufter Leckerbissen.

Aber Le Loi wäre lieber in den Wellen umgekommen, als diese fremden Fischer zu bitten, ihm zu helfen; unterdrückten doch ihre Landsleute schon seit Langem wieder das vietnamesische Volk. So zog es der Fischer von Sam Son trotz der Lebensgefahr vor zu warten, bis der Sturm umschlug, um sich dann mit eingezogenem Segel wieder an den Strand treiben zu lassen.

In dieser Zeit trug sich Le Loi mit dem Gedanken, irgendetwas für die Befreiung des Vaterlandes zu tun. Schließlich reifte in ihm der Entschluss, in die Hauptstadt zu gehen und durch den Mord an einem der fremden Mandarine die Flamme des Aufstandes zu entzünden. Aber schon nach kurzem Aufenthalt in Thang Long – so hieß Hanoi im 15. Jahrhundert – erkannte er, dass man nicht so leicht in die bewachten Paläste eindringen konnte. Und zeigten sich die Fremden einmal auf der Straße, so nur hinter dem eisernen Gitter der Hellebarden.

Also nahm Le Loi sein gewohntes Tagewerk wieder auf. Da er aber den Gedanken nicht loswurde, für eine besondere Aufgabe berufen zu sein, blieb er in der Hauptstadt. Die chinesischen Soldaten, die morgens zu ihren Übungen hinauszogen, sahen ihn Tag für Tag mit seinen Netzen am Ufer des Kleinen Sees.

Eines Morgens ließ sich sein Netz kaum aus dem Wasser ziehen. »Sicher ist es an irgendeiner Wurzel hängen geblieben«, dachte der Fischer. Und aus Angst, die Maschen zu zerreißen, holte er es sehr vorsichtig ein. Da nahm er ein goldenes Leuchten im Wasser wahr. »Es muss doch ein Fisch sein, den ich in meinem Netz habe, und ein besonders schöner«, freute sich Le Loi. Doch je näher das Netz der Oberfläche kam, desto eigenartiger erschien ihm alles. »Ein so großer Fisch würde doch wie wild zappeln«, dachte er, »und schwer ist das Netz wie der bronzene Gong in der Pagode!«

Endlich lag es am Ufer. Hastig schob der Fischer die Maschen auseinander – und traute seinen Augen nicht: Zwischen einigen kleinen Weißlingen lag ein prächtiges Schwert. Als er es in seine Hand nahm, bewunderte er die feinen Ziselierungen am Heft. Aber noch mehr zog ihn die Klinge an, die in einem übernatürlichen Licht glänzte.

»Ein guter Geist muss mir dieses Schwert gesandt haben, und sicher erteilt er mir damit einen Auftrag«, sprach Le Loi zu sich. Dann barg er das wertvolle Geschenk unter seinen zerschlissenen Kleidern und eilte in seine Hütte.

Von diesem Tag an war der Fischer Le Loi ein anderer Mensch. Konnte er früher oft stundenlang am Wasser sitzen, um schweigsam dem Spiel der Wellen zuzusehen, so erfüllte ihn jetzt ein unbändiger Tatendrang. Das Schwert am Körper verborgen, eilte er schnellen Schrittes durch das Handwerkerviertel der Stadt, unweit des Sees. Man sah ihn überall, in der Seidenstraße und in der Hutmacherstraße, in der Straße der Leinenweber und in der der Papiermacher. Er betrat die Werkstätten der Kupferschmiede und redete mit den Fischhändlern. Auf seinen Fersen hockend, schürte er oft stundenlang den Zorn gegen die chinesische Unterdrückung, versuchte, Menschen für den Widerstand zu gewinnen.

Und er gewann sie. In der Straße der Schmiede konnte man jetzt ein ungewöhnliches Treiben beobachten. Wild schlugen die schweren Hämmer auf die Ambosse. Morgen für Morgen, noch bevor es richtig hell wurde, sah man Le Loi, tief gebeugt unter der Last eines großen Bündels, nach Hause gehen. Kein Uneingeweihter konnte ahnen, dass es Schwerter waren.

Aber auch in den Dörfern kannte man den ehemaligen Fischer. Die chinesischen Steuereintreiber wunderten sich; so freundlich waren sie lange nicht mehr von den Bauern aufgenommen worden. Aber in den Nächten wuchsen um die Hütten hohe Erdwälle, und die Bambuszäune hatten mit einem Mal messerscharfe Spitzen.

Le Loi war überall, bei den Schiffern des Roten Flusses und auf den Höhen des Berges Tan Vien. Die Siedler am Strom kannten seinen Namen bald ebenso gut wie die am Bambuskanal. Alle Hütten standen ihm offen. Er fand die Worte, die die Herzen höherschlagen ließen. Jede Furcht, jede Angst, bei den chinesischen Machthabern angezeigt zu werden, war ihm fremd. Die Unterdrückten haben ihn niemals verraten.

Die Zeit der Monsune kam. Das Meer peitschte die Stürme ins Land und verwüstete das Delta. In der Hauptstadt überschwemmten die Wellen des Kleinen Sees die Straßen. So hoch stand das Wasser, dass selbst die fremden Patrouillen nicht mehr ihren Dienst versehen konnten. Eines Morgens – ein dichter Regen hielt die Dunkelheit der Nacht fest – wurden Leitern gegen die Mauern der Zitadelle gelegt. Die Alarmglocken blieben stumm. Niemand läutete Sturm. Nicht einen Schrei hörte man in dieser Schlacht.

Am Abend gehörte Thang Long dem Volk; es war einen Monat später bereits Herr des ganzen Deltas. Aber der Feind gab sich nicht geschlagen. Seine Armeen kamen von überall her, längs der Küste, von den Pässen der Gebirge, mit Kriegsschiffen. Wie eine Flut fielen die Truppen ins Land ein. Die Schwerter, die sich vorher auf den Straßen der Städte gekreuzt hatten, trafen jetzt im Morast der Reisfelder aufeinander.

Sechs Jahre lang dauerte das furchtbare Ringen. Dann war die Stunde gekommen, in der die letzten chinesischen Soldaten bei Dong Dang nach dem Norden zurückmarschierten; Vietnam hatte seine Freiheit errungen.

Da legte der Befreier Le Loi das kaiserliche Kleid aus gelber Seide an. Drachen mit fünf Klauen, Mond und Sonne, Wolken und Phönixe waren in vielen Farben kunstvoll daraufgestickt. »Ruhm dem Kaiser von Vietnam, dem Land des befreiten Südens«, sangen die Chöre der Bonzen. »Möge Eure Herrschaft tausend und zehntausend Jahre dauern«, hieß es in den Glückwünschen der neuen Minister.

Der junge Kaiser leistete den Eid; dann umgürtete er sich mit seinem Schwert und ließ sich in einer Sänfte an den Kleinen See tragen. Le Loi wollte den Mächten seinen Dank aussprechen, die ihm durch das kostbare Schwert zum Sieg verholfen hatten. Tausende Menschen knieten mit ihrem Herrscher am Ufer nieder. Aber als er sich wieder erhob, als ihm das Volk von Neuem huldigte, geschah das Unfassbare: Das Schwert sprang, ohne dass es der Kaiser auch nur berührt hatte, aus der Scheide und stieg wie ein Pfeil in den Himmel. Noch geblendet von dem übernatürlichen Glanz der Waffe, sahen nur wenige, wie sich das Schwert in einen Drachen aus grüner Jade verwandelte. So durchsichtig war das Tier, dass die Strahlen der Sonne bis in sein Herz drangen. Plötzlich aber – und die Tausende waren Zeuge – fiel es wie ein Stein zur Erde zurück. Der Drache stürzte in den See. Mit seinen Klauen bohrte er sich tief in den Rücken einer Schildkröte, die zwischen einigen Lotosblumen schwamm. Alsbald verwandelte sich das braune Kleid der Kröte in ein grünes, das wie geschliffener Smaragd leuchtete. Dann verloren sie die Menschen am Ufer aus den Augen. Die Lotosblumen auf dem Wasser öffneten weit ihre Blütenkelche.

Am nächsten Morgen betrat ein Bote, völlig außer Atem, den Palast des Kaisers. In abgerissenen Sätzen berichtete er, dass während der vergangenen Nacht eine kleine Insel aus dem See aufgetaucht sei. Sie habe die Form einer Schildkröte. Aus Dankbarkeit ließ der Kaiser auf dieser Insel einen Tempel errichten, die »Pagode mit dem Schwert und der Schildkröte«. Den See aber nannten die Einwohner Hanois von dieser Stunde an »Hoan Kiem Ho« (See des zurückgegebenen Schwertes).

Wo sich Drachen über Wasser halten – Wassertheater: ein spritziges Vergnügen

Heinz Kotte, Rüdiger Siebert

Es spritzt und planscht und schwappt. Das Dorf steht unter Wasser, und eine vergnügte Schar bunter Gesellen taucht und tobt im trüben Nass. Derweil pflügt ein Bauer mit seinem Büffel die Fluten. Tänzerinnen mit schmetterlingshaft-duftigen Gewändern vollführen ein Ballett, das sich märchenhaft in den Wellen spiegelt. Feuer speiende Drachen peitschen mit ihren Schwänzen die Gischt. Kaum hat sie sich beruhigt, defiliert in feierlicher Prozession der Mandarin mit großem, farbenprächtigem Gefolge hoch zu Ross über das schwankende Element hinweg. Sieben Musikanten mit schmeichlerischen Stimmen und traditionellen Instrumenten begleiten das wässrige Treiben von sicherer, trockener Empore aus. Beim ausgelassenen Spiel der Dorfkinder schwillt der Gesang zu übermütigem Lachen und Heiterkeit an. Den würdigen Aufmarsch der Noblen trägt ein lobpreisendes Lied davon. Der Drachen und Schlangen wildes Gemenge wird mit Gongs und Geschrei dramatisch aufgewühlt.

Die Musikanten sind lebendige Menschen. Die sichtbaren Akteure im und auf dem Wasser sind Puppen. Die turbulenten Szenen spielen sich vor Hunderten von Zuschauern ab. Begeistert sehen sie der überschäumenden Inszenierung uralten vietnamesischen Wassertheaters zu. In jüngster Zeit erhielt es dank Tourismus und wieder friedlicherem Zeitvertreib im Lande neuen Auftrieb.

Es ist ein fantastisches Drunter und Drüber. Vor Beginn der Vorstellung vermag das ungeübte Auge gar nicht einzuschätzen, was sich da in der braunen, noch unbewegten Brühe der Bühne ereignen wird. Im ehemaligen Kino am Hoan-Kiem-See mitten in Hanoi beispielsweise. Das Theater der Lichtspiele mit aufsteigenden Sitzreihen wurde mit einem Bassin ausgestattet und zum Schauplatz der Wasserspiele umgebaut. So fern wähnt sich der Betrachter, so klein scheinen ihm zu Beginn die Figuren. Doch dann lassen Fantasie und zauberhafte Bilder in der amphibischen Welt die Entfernungen schrumpfen. Mit Witz und Wunderkerzen wird eine versunkene Zeit der Kinderträume lebendig, in denen die Grenzen zwischen Festem und Flüssigem wahrlich dahinschwimmen. Poesie auf schimmerndem Grunde. Was so schwerelos einherschwebt, Schabernack vollführend, die Haltlosigkeit des Wassers verspottend, ist lang einstudierte Kunst.

Zu Beginn der Planscherei versucht der Neuling im Parkett, die Technik zu ergründen. Bald ist er mitgerissen vom Strom der ausgelassenen Episoden im überschwemmten Dorf und vergisst, an das Gestänge unter der Wasseroberfläche zu denken. Erst zum Schluss, wenn sich der Vorhang hinter der sparsam angedeuteten ländlichen Kulisse hebt, tauchen die eigentlichen Künstler auf: in Gummihosen, die bis zur Brust reichen. Wenn die Spieler erscheinen, tief im Wasser stehend, ists aus mit der Illusion. Die Puppen verkleinern sich wieder auf das Normalmaß ihrer dreißig bis achtzig Zentimeter. Der Applaus gilt der Perfektion, mit der ihre Meister ebensolche Miniaturen mit prallem Leben erfüllten.

Ein ausgeklügeltes System von Stangen, Drähten, Schnüren erlaubt es, virtuos gehandhabt, den Puppen die Beweglichkeit und scheinbare Selbstständigkeit zu verleihen, die mit physikalischen Grundgesetzen scherzt. Jede Puppe ist aus Holz geschnitzt; bevorzugt wird das des Feigenbaumes benutzt, es ist weich und trotzdem haltbar. Kräftige Lack- und Goldfarben geben den Figuren den unverwechselbaren Ausdruck: weiß die Gesichter, berauschend bunt die Gewänder. Jede Puppe ein Unikat, gefertigt in Handarbeit; zwischen einem und fünf Kilo schwer. Einzelne Glieder sind lebensecht zu bewegen und, mittels kompliziertem Unterwasser-Apparat aus dem Hintergrund, durch den Vorhang von den Spielern zu bedienen. Jede Puppe ein kleines Kunstwerk, jeder Auftritt ein artistisches Kabinettstückchen. Zu den Verwandten gehören die chinesische Oper und das javanische Stockpuppenspiel, Wayang Golek, und die vielen Marionetten in aller Welt.

Mit den vietnamesischen Holzfiguren lassen sich eine Wasserschlacht tollender Dorfkinder ebenso darstellen wie ein Bilderbogen aus legendärer Überlieferung, höfische Empfänge und Szenen aus dem nationalen Werden des Landes. Die Geschichte vom wundertätigen Schwert aus dem Hoan-Kiem-See, das nach gewonnener Schlacht gegen die Chinesen von der Schildkröte dem Helden Le Loi wieder abverlangt wird, gehört zum beliebtesten Repertoire. Wassertheater vom Feinsten! Bootswettfahrten, kämpfende Büffel, fleißige Fischer. Auf den Wellen kommen alle zum Zuge.

Die Wurzeln des Wassertheaters reichen wie tief verschlungene Ranken der Lotosblüten weit in die Geschichte zurück. Literarische Quellen aus dem 12. Jahrhundert preisen es bereits als höfische Unterhaltung der Könige. Was heute in städtischen Theatern dargeboten wird, war ursprünglich ein dörfliches Ereignis mit kultisch-religiösen Inhalten. Im wasserreichen Delta des Roten Flusses, in Nordvietnam, dürfte das beziehungsreiche Spiel einst begonnen haben. Da sind die Reisfelder, die Bäche, Kanäle, Teiche, Seen, aus denen heraus eine ganze Kultur erwuchs. Im Wassertheater verschwimmen die Traditionen einer ländlichen Lebensweise, die sich mit dem Reisanbau aus dem Wasser als dem Element des Lebens heraus entwickelte. Nach der Ernte, wenn allen guten Geistern Dank zu sagen war für ihren Beistand, begann die Zeit des Wassertheaters. Stets mehr als bloßes Spiel; vielmehr Abbild des Lebenskampfes, wie dem Wasser und wie mit dem Wasser die Früchte der Arbeit abzugewinnen waren. Das Wasser zu bändigen, zu leiten, zu kanalisieren und in Zeiten des Überflusses zu speichern; in Zeiten der Trockenheit sparsam mit jedem Tropfen umzugehen: das wurde Wesenselement vietnamesischer Kultur in den Dörfern. Wenn dann in Gestalt der Reisgarben der Lohn der Mühen eingebracht war, begannen die Tage der Feste mit dem Wassertheater als Ausdruck der Freude, mit dem Lebensspender freundlich und auf Gedeih und Verderb verbunden zu existieren.

Das alles ist auch in Vietnam längst Vergangenheit in einer nüchterner, im übertragenen Sinn trockener gewordenen Welt. Doch in manchen Dörfern stehen noch in kleinen Seen steinerne Tempel, die einmal Bühne des Wassertheaters waren. Die Spieler agierten in pagodenähnlichen Gemäuern, das Publikum saß am Ufer. Die Schnitzer erfreuten sich hohen Ansehens im Dorf, die Spieler ebenso; sie waren in Gilden vereint. Heute gibt es noch etwa zwei Dutzend solcher organisierter Theatergruppen in den Dörfern. Mit den Aufführungen in städtischen Häusern bildeten sich professionelle Ensembles; auch das Wassertheater wurde kommerzialisiert. Gleichwohl: In seinen Wellen der Lebensfreude schwingen Kult und Kunst der Vorväter mit, Ritual und Spiel zugleich – und ein spritziges Vergnügen.

Die Piraten der Halong-Bucht – Eine Erinnerung ans Königreich

Tran-Nhut

Die Ellbogen auf die Reling gestützt, betrachtete Lam, wie die Schatten des Waldes vorüberzogen: die gezackten Wipfel der Wasserpalmen, die kompakte Masse des Strauchwerks, dessen Wurzeln sich zu einem unentwirrbaren schwarzen Geflecht ineinander verwoben. Die Ufer des Flusses hallten wider von abgehackten, sich von derbem Gegrunze abhebenden Melodien und glitzerten von Myriaden winziger Lichter, die wie gleichmütig der Dschunke nachblickende Augen wirkten.

Sie hatten bei Einbruch der Nacht abgelegt und folgten der Strömung, die sie unweigerlich in die riesige Drachenbucht hinaustreiben würde. An einer Flussbiegung waren in Form einer entlang dem Wasser aufgehängten Lichterkette Dörfer aufgetaucht und dann wieder in der Dunkelheit verschwunden, das Einzige, was von ihnen blieb, war der bittere Geschmack der Holzfeuer im Mund des Steuermanns. Dieser Teil des Flusses war wohlbekannt, daher hatten die Männer der Besatzung sich in den Kielraum zurückgezogen und ohne Augen und Ohren für anderes sich ins Kartenspiel gestürzt, das noch fataler für sie war als alle Feuer des Alkohols. Lam schob zweifelnd die Unterlippe vor: Die ganze Besatzung bestand eigentlich aus halben Kindern, die die Aussicht auf das

Abenteuer einer Fahrt aufs Meer hinauslockte und die man in diesen Zeiten des Handelsaufschwungs für ein Schälchen Reis hatte anheuern können. Hoffentlich würden sie sich ihrem eigenen Ehrgeiz gewachsen zeigen, diese halbwüchsigen Rotzlöffel!

Die Dschunke erreichte den Golf, gerade als der rötlich schimmernde Mond hinter dem Horizont versank. Nach all den Schreien des Waldes herrschte hier plötzlich eisige Stille. Lam hob den Kopf. Nachdem sich seine Augen an die Dunkelheit gewöhnt hatten, sah er die sieben Sterne des Scheffels aufleuchten, den man auch den Schöpflöffel des Nordens nannte. Instinktiv orientierte er sich mithilfe des Polarsterns, der sich am vor Sternen glitzernden Himmel auf Armeshöhe befand. Im Umdrehen wandte er sich an eine Gestalt, die dabei war, ihr Haar im Nacken zusammenzubinden.

»Kurs auf die Gräberinsel«, rief er Huy zu, der eilends gehorchte.

Die auf Latten gezogenen Segel, die sich entfalteten wie Schmetterlingsflügel, knatterten im Wind, und sie nahmen Fahrt in Richtung eines felsigen Höckers auf, der wie ein menschlicher Schädel inmitten eines Beinhauses wirkte.

»Reiner Wahnsinn, zu diesem abscheulichen Ort zu fahren, und dann auch noch nachts!«, beschwerte Huy sich schmollend. »Sieht aus wie ein ertrunkener Riese!«

Lam wedelte drohend den Zeigefinger vor diesem störrischen Jüngling hin und her, der sich eher durch sein hübsches Gesicht und seine sinnlichen Lippen auszeichnete als durch Gehorsam seinem Vorgesetzten gegenüber.

»Die Befehle des alten Phung werden nicht diskutiert! Oder soll ich annehmen, dass du die Nacht lieber mit der widerlichen Ladung verbringst, die man uns aufgebürdet hat?«

Der andere spuckte aufs Deck und schüttelte den Schopf.

»Ihr macht wohl Witze! Lieber einen Ghul auf den Mund küssen, der gerade einen Mann zerrissen hat und ihm jetzt den Kopf abbeißt!«

»Das will ich dir gerne glauben, wo du doch Erfahrungen auf allen möglichen Gebieten hast. Und vergiss nicht, dass Herr Phung eine beachtliche Prämie für diesen Auftrag ausgesetzt hat.«

»Das muss dem alten Goldesel aber wehgetan haben, die rauszudrücken!«, lachte der junge Mann und bückte sich, um das schmerzhafte Abführen zu mimen.

»Bah! Was er auf der einen Seite fallen lässt, kriegt er anderswo schon wieder rein, da mach dir keine Sorgen. Mit dem, was wir im Kiel haben, könnte er die Kleinfürsten abfinden, wenn er wollte.«

Jetzt wo sie sich der Inselgruppe näherten, konnte Lam die zerklüfteten Felsen sehen, die tiefe Löcher und bodenlose Höhlen verbargen. Die ganze Oberfläche der Gräberinsel war von schwarzen Moosen überwuchert, die wie eine hartnäckige Schuppenflechte wirkten. Bizarre Felsen rund um die Hauptinsel versperrten die Zufahrt, und der Steuermann suchte in Gedanken eine Durchfahrtsmöglichkeit: zwischen diesen zwei Felsen hindurch und dann vor jene Landzunge … Plötzlich kniff er die Lider zusammen. Komisch. Seine alten Seemannsaugen spielten ihm Streiche. Und dennoch, diese Silhouetten, die auf den Wellen trieben …

»Huy, was siehst du da vorne auf der Höhe dieser Landzunge?«

Der junge Mann hielt in der Bewegung inne, mit der er sein seidiges Haar um sein Handgelenk gewickelt hatte. Dann antwortete er leichthin: »Da sind sechs Boote, jedes mit fünf Mann an Bord. Alle sitzen, bis auf den Größten, der gerade aufsteht und ein Kohlenbecken anzündet.«

Lam stieß ihn rüde zur Seite. »Trottel! Ist dir denn nicht

klar, dass das Piraten sind? Und weißt du, was Piraten mit hübschen Jungs wie dir machen?«

Der junge Mann erstarrte vor Schreck und war nur noch eine bleiche Maske auf zitternden Gliedern. Ihn mit dem Handrücken beiseiteschiebend, lief Lam zur Leiter in den Kielraum, von wo vielstimmiges Streiten heraufklang.

»Du bescheißt beim Kartenspiel genauso, wie deine Mutter deinen Vater beschissen hat!«

»Du miese taube Nuss! Ich werd dich ein bisschen aufschlitz…«

»Schluss damit, ihr verdammten Nichtsnutze!«, schrie Lam aufgebracht. »Alle hoch aufs Deck! Piraten in Sicht!«

Die jungen Leute drängten nach oben, aber nicht ohne im Vorübergehen ihre Nachbarn wegzuschieben, um an die Spieleinsätze zu kommen.

»Piraten? Die wollen wohl Huy haben?«, fragte Mango, ein Junge mit schmalem Schädel und gelber Haut. »Angeblich suchen die ständig nach süßen kleinen Jungs für irgendwelche Puffs.« Er klatschte kräftig auf den Hintern Huys, der zusammenzuckte.

»Angeblich mögen die reifen Männer mit Haaren auf den Schultern dort lieber Jungs, weil ihre Frauen alle Schnurrbärte haben«, stichelte der hagere Soja.

»Schluss mit dem Unsinn!«, rief Lam, den die jungen Hüpfer langsam ungeduldig machten. »Ihr könnt mir glauben, wenn die Piraten, die hier die Gewässer unsicher machen, euch zu fassen kriegen, dann kommt ganz schnell der Moment, wo ihr euch danach sehnen werdet, an reife behaarte Männer verkauft zu werden, anstatt über euch ergehen zu lassen, was die mit euch vorhaben!«

Und wie um seine Worte zu unterstreichen, leuchtete in jedem der im Halbkreis liegenden Boote eine Flamme auf, und sie konnten die Piraten sehen.

Mit toten Augen, die Lippen blutleer, starrten sie auf die hoch aufragende Dschunke. Jedes der Boote wurde von einem stehenden Mann befehligt, während die anderen mit trübem Blick dahockten. Ihre leichenblasse Haut leuchtete schwach im Sternenlicht. Mit dem weißen Band, das sie um die Stirn geschlungen hatten, sahen sie aus, als trauerten sie um sich selbst, bewegungslos und in Totenstarre. Ihre Kleider hingen in Fetzen herunter, wahrscheinlich waren sie von Jahren in der Feuchtigkeit unter der Erde verfault. Die Boote bildeten einen Sperrriegel aus schwimmenden Särgen, der einem das Blut in den Adern gefrieren ließ.

»Das ist die Totenarmee!«, schrie Huy. »Sie beschützt die Gräberinsel. Wir müssen fliehen!«

»Ich kann sehen, wie ihnen die Würmer aus den Augenhöhlen kriechen, ich rieche ihren Leichengestank«, setzte Mango hinzu. »Wie soll man gegen Tote kämpfen?«

Lam wurde fast ohnmächtig. Mit den fünfzehn Matrosen unter seinem Befehl waren sie viel weniger als diese lebenden Toten. Und mochte die Dschunke auch solider sein als deren Boote, was für ein Widerstand war von seinen Rotznasen schon groß zu erwarten, von denen jeder ein schlimmerer Angeber war als der andere?

Und er selbst, würde er mit seiner nachlassenden Sehkraft und seinen morschen Knochen das Schiff verteidigen können? Obwohl sich seine Mannschaft dicht um ihn drängte, versuchte er nachzudenken. Plötzlich kam ihm das Bild seiner fauligen Ladung zu Bewusstsein. Und wenn es diesen toten Männern genau darum ging?

»Vorsicht! Sie greifen an!« Soja, der sich an die Reling klammerte, stieß laute Schreie aus.

Und tatsächlich spannte in jedem Boot der kommandierende Mann langsam einen Pfeil in einen altertümlichen Bogen. Ein Zwinkern aus glasigen Augen, und alle schossen in einer gemeinsamen Bewegung ihre Pfeile ab, die durch die Luft schwirrten wie ein Schwarm tödlicher Bienen. Auf der Dschunke versuchte man panisch, in Deckung zu gehen.

»Zu mir!«, brüllte Soja, dessen Stirn blutverschmiert war. »Sie haben mich erwischt! Rächt mich!«

Lam stürzte auf ihn zu und musste feststellen, dass ihm nichts fehlte, außer dass er von klebriger Flüssigkeit triefte.

»Was ist das?«, schrie Huy und klammerte sich an Mango fest.

Etwas, das aussah wie Gedärme, bewegte sich auf sie zu und hinterließ eine Schleimspur auf dem Deck.

»Die Innereien eines Dämons!«

»Ein Schweinemagen!«

Lam ließ den Kopf von Soja los, der mit einem hohlen Geräusch zurückfiel, und kroch auf allen vieren auf das Etwas zu. Ein schrilles Zischen ließ ihn zurückschrecken.

»Alle nach hinten! Das ist eine Schlange!«

»Und die ist in Blut getaucht worden!«

Ein entsetzlicher Schrei ertönte, und alle wandten sich zu Binh um. An seinem Hals hatte sich ein faustgroßer Kropf gebildet, ebenfalls klebrig und bluttriefend. Und zu allem Überfluss bewegte er sich!

Weil alle vor Schreck erstarrt waren, sprang der alte Lam vorwärts, nur um zu sehen, wie das schreckliche Wesen im Kragen des Unglücklichen verschwand.

»Es frisst mich auf!«, brüllte der und zappelte wild herum. »Es beißt mir in die Brust und reißt mir das Herz heraus!«

Lam hielt seine Hand auf die Brust des Jungen und zwang sich dazu, der zuckenden Geschwulst zu folgen, die den Stoff mit Blut tränkte. Plötzlich sprang das Wesen mit einem ohrenbetäubenden Rülpser aus dem Halsausschnitt und landete auf dem Deck.

»Eine Kröte!«

»Und auch die ist blutgetränkt.«

Der verwirrte Steuermann betrachtete diese lebenden, blutüberströmten Tiere, die die Toten an ihre Pfeile gebunden hatten. Was sollte dieser geschmacklose Scherz? Er wandte sich zum Wasser um und verstand das Ablenkungsmanöver.

Die Piraten waren dabei, ihre Pfeilspitzen in Brand zu setzen, um Feuer an die Dschunke zu legen.

Wie in einem Traum sah Lam, der Steuermann, die Flammen die Pfeilspitzen entlanglecken und verstand, dass sie gleich unwiderruflich ebenso tot sein würden wie ihre Angreifer, wenn sie noch länger hierblieben.

»Wenden!«, rief er mit all seiner Kraft. »Wir müssen von diesem verfluchten Ort hier fortkommen! Haltet auf die Flussmündung zu!«

Die Jungs, denen die Dringlichkeit der Lage bewusst wurde, sprangen, obwohl sie sich beinahe in die Hosen machten, in die Segel. Die ausgebreiteten Schwingen blähten sich im Wind, und die Dschunke beschrieb eine elegante Kurve und steuerte landwärts. Die Mannschaft, die lieber einer trügerischen Illusion aufsaß, als der entsetzlichen Realität ins Auge zu sehen, wagte nicht zurückzublicken. War es tatsächlich möglich, dass eine Flottille von jenseits des Grabs sie verfolgte, die lautlos übers Wasser glitt wie der Schatten eines Schattens? Und wenn es sich schlicht um eine kollektive Sinnestäuschung gehandelt hatte, um das grausliche Spiel der Wolken auf den stumpfen Wellen? Schließlich drehte Mango seinen lang gezogenen Kopf zum Meer hin und verkündigte: »Die Toten sind direkt hinter uns.« Da begannen diejenigen, die regelmäßig beteten, ganz leise zu psalmodieren, während die anderen leidenschaftlich zu jedem passenden Gott flehten.

Als sie die Flussmündung passierten, überwand Um sich endlich, hinter sich zu blicken. Die Toten waren dichtauf, hielten sich unerschütterlich auf ihren Booten, die sie mit dämonischem Geschick steuerten. Mit nur jeweils einem blutleeren Ruderer vermochten die Boote problemlos der Dschunke zu folgen, die von ihrem Gewicht und dem nachlassenden Wind behindert wurde. Wenigstens drohten diese Geister, während sie ruderten, nicht, die Dschunke in Brand zu stecken.

»Wir müssen flussaufwärts bis zum ersten Dorf!«, rief er den Jungen zu. »Dieses Gewürm wird kaum wagen, uns bis zu den Toren der zivilisierten Welt zu folgen!«

Soja bemerkte schüchtern und mit trockenen Lippen: »Aber sie blockieren uns die Durchfahrt, Herr Lam.«

Ungläubig fuhr der Steuermann herum und musste den Tatsachen ins Auge sehen: Der Weg flussaufwärts war von fünf neu aufgetauchten Booten versperrt, die sich auf die gesamte Breite des Flusses verteilten. Wieder dieselben Leiber, die nicht atmeten, steif wie Eiszapfen dasaßen und ihre marmornen Gesichter zeigten. Sein Mut verließ ihn.

Er suchte nach Rettung im Anblick der Sterne, die sich am Firmament bewegten, während es um ihn her still wurde. Die Jungen sahen, dass das Ende nah war, und fühlten verzweifelt in ihren Taschen nach dem Geld, das sie mehr oder minder ehrlich verdient hatten. Wie um ihr schlimmes Schicksal zu bestätigen, stieg aus den Tiefen der Dschunke düster und herzzerreißend ein Stöhnen herauf, das kaum mehr menschlich zu nennen war.

»Bah, vergiss sie!«, sagte Lam zu Mango, der einen Schritt in Richtung Laderaum getan hatte. »Wir werden sowieso alle draufgehen …«

Die lebenden Toten, die Augen halb geschlossen, die Lippen grau, schlossen derweil unerbittlich die Dschunke zwischen ihren Booten ein.

»Worauf warten sie denn nur?«, fragte Huy.

Ganz plötzlich gab es einen Blitz in Lams Bewusstsein, und seine Eingeweide zogen sich zusammen. Mit einem Mal wusste er, warum sie sie hier festnagelten, genau an dieser Stelle des Flusses. Jetzt verstand er ihre Geduld und ihre reglosen Mienen. Diese Schufte zählten auf etwas, das ebenso unabänderlich war wie der Sonnenuntergang und der Weg der Planeten. Eine ähnliche Szene, die vor Hunderten von Jahren in Blutströmen und einem Sieg geendet hatte, explodierte in seiner Erinnerung, umbraust von heroischen Gesängen und ins rote Licht brennender Fahnen getaucht.

Und so überraschte es den Steuermann Lam nicht, als er die kleinen silbernen Fischchen an der Oberfläche des Flusses auftauchen sah, Reihe um Reihe aus kaltem Stahl, während sich seine Ohren mit dem Geräusch des berstenden Schiffskiels füllten, das an das trockene Knacken von Knochen erinnerte.

»Verlasst das Schiff!«, befahl er seinen Jungs, und die Toten, um die Flucht zu beschleunigen, schossen in aller Seelenruhe brennende Pfeile in den Himmel, die die Ufer erleuchteten wie Sternschnuppen.

Was alles in den Kochtopf wandert

Gerhard Waldherr

»Am besten ist verbotener Sex«, sagt der vietnamesische Volksmund, »danach kommt Schweinepastete.« Alleine daraus lässt sich ableiten, welchen Stellenwert Essen zwischen Rotem Fluss und Mekongdelta einnimmt, zumal Schweinepastete hauptsächlich aus Innereien besteht. Morgens schon gibt es Nudelsuppe mit diversen Beilagen, und den ganzen Tag über locken fliegende Händler und Imbissstände mit handlichen Köstlichkeiten. Selbst alltägliche Ereignisse werden mit Sprichwörtern umschrieben, die kulinarischen Bezug haben. Fällt einem Vietnamesen etwas nicht schwer, sagt er: »Das ist so leicht wie Hundehirn essen.« Kurzum: Hoc an, hoc noi, lautet ein weiteres Sprichwort – Der Mensch lernt zu essen, bevor er spricht.

Es ist Mittagszeit. In der Küche des ASEAN Resort, einem Luxushotel dreißig Kilometer westlich von Hanoi, herrscht Hochbetrieb. Routiniert setzt der Koch sein Messer an. Karmesinrotes Blut quillt aus der Halsschlagader des zuckenden Tieres, dem dann das Fell abgezogen wird. Es landet in einem Topf mit kochendem Wasser, während sich der Küchenchef dem Gemüse widmet.

Cay Huong haben die drei Herren in Anzügen bestellt; frittiert, gegrillt, gedünstet, dazu die Knochen eingekocht mit Bambussprossen. Sie haben Appetit auf eine geschützte

Zibetkatzenart, auf deren Jagd, Handel und Verzehr bis zu drei Jahre Gefängnis und tausenddreihundert Dollar Geldstrafe stehen. Die Feinschmecker wissen das und haben sich bereits mit einer Flasche Johnnie Walker in Laune getrunken. Am Nebentisch wird gerade Ba Ba (Schildkröte) serviert. Die Speisekarte offeriert überdies Te Te (Schuppentier), Nhim (Stachelschwein), Dui Rung (Bambusratte) und Ky Da (Waran). Auch das verbotene Speisen. Der Manager wird später erklären, sein Chef habe keine Angst vor der Polizei: »Er steht unter einem Schirm, Sie verstehen.« Die Preise für ein Gericht sind gesalzen, umgerechnet zwischen dreiundzwanzig und fünfzig Dollar; ein Reisbauer verdient zwanzig Dollar im Monat. An den Tischen wird auf langes Leben und Gesundheit angestoßen. Im Pavillon nebenan warten bereits junge Damen, die offiziell als Masseurinnen geführt werden.

Wenn Julie Thompson solche Geschichten hört, sinkt sie frustriert in ihren Stuhl. Thompson ist Leiterin von Traffic Südostasien und Indochina in Hanoi, eine Einrichtung des WWF, die gegen den Handel mit bedrohten Arten kämpft. Vietnam hat 1994 das internationale Artenschutzabkommen CITES (Convention on International Trade in Endangered Species) unterzeichnet. »Es gibt hier«, sagt Thompson, »durchaus vorbildliche Tierschutzgesetze, leider hält sich niemand daran.« Der Regierung mangele es schlicht an Geld und Durchsetzungskraft, meint Thompson, Polizisten und den Rangern der zehn Nationalparks sowie Zollbeamten fehle es an Motivation, der Bevölkerung an Bewusstsein. Thompson: »Eine Spezies verschwindet? Na wenn schon.«

Neulich erst war eine Gruppe von Experten für eine große Studie in der Hauptstadt inkognito in Restaurants, Lokale und Ruou-Bars ausgeschwärmt, in denen Reisschnaps angeboten wird, dem eingelegte Schlangen, Geckos, Ziegenpenisse, Affenembryos und Bärentatzen ein pikantes Bouquet verleihen. Thompson: »Das Ergebnis war erschütternd.« Alleine in zwei Stadtvierteln boten hundertsieben Lokale Fleisch von geschützten Tieren oder diverse »Tierschnaps«-Sorten an, einundzwanzig warben mit Mat Go, Gallenflüssigkeit, die Bären bei lebendigem Leib abgezapft wird.

Mindestens tausend Bären, schätzt Thompson, werden zu diesem Zweck in der Umgebung von Hanoi gehalten, oft von Privatleuten, »darunter hochrangige Beamte«. Beamte? »Fahrt mal raus in die Provinz, wer sind denn die Herren in den teuren Anzügen? Wem gehören die Luxuskarossen auf den Parkplätzen?« In Saigon (Ho-Chi-Minh-Stadt), weiß Thompson, verkaufen tausendfünfhundert Restaurants sogenanntes Bushmeat; sechshundert Kilo Zibetkatzen und vierhundertfünfzig Kilo Stachelschwein werden allein im nordvietnamesischen Vinh monatlich verzehrt; ein Händler in Da Nang behauptet, er verkaufe wöchentlich fünf Tonnen Wildfleisch nach Hanoi, Saigon und China. »Ich sitze hier alleine mit einer Assistentin«, klagt Thompson, »das CITES-Büro hat drei Angestellte, die erst vor Kurzem Computer bekommen haben.« Sie will weg aus Vietnam, sie ist es leid, »ständig Feuer zu bekämpfen, aber nichts zum Löschen zu haben«.

Vietnam liegt auf der östlichen, von Niederschlägen verwöhnten Seite der Annamiten-Bergkette und hat eine einzigartige Flora und Fauna mit zahlreichen endemischen, nur hier vorkommenden Arten hervorgebracht. So vielfältig und exotisch wie die Natur ist auch die Küche des Landes. Fünfhundert Gerichte soll es in Vietnam geben, dessen Könige einst die Thronfolge mittels Kochwettbewerben regelten, und wo der buddhistische Mönch Tue Tinh im 14. Jahrhundert eine Sammlung über die medizinische Wirkung von Kräutern, Wurzeln und anderen Gewächsen anlegte; dreihundert davon waren essbar. Dass Vietnamesen ihre Nuoc Mam, eine fermentierte Fischsoße von bisweilen dubioser Konsistenz, behandeln wie anderswo Champagner und Revolutionsführer Ho Chi Minh Koch bei Escoffier in Paris lernte, mal nebenbei. »Es ist ein wahres Wunderland«, schreibt der New Yorker Koch und Bestsellerautor Tony Bourdain *(Geständnisse eines Küchenchefs)*, »alles, was man sieht, möchte man in den Mund stecken.«

Der Verzehr von wilden Tieren hat in Vietnam Tradition, und nicht nur dort. Seit jeher dienen sie in Asien als Nahrung, hauptsächlich den Menschen auf dem Land, aber auch als Heilmittel in den Metropolen. Dong Y, die östliche Medizin, folgt dem Grundsatz, dass die Natur für jedes menschliche Leiden eine Kur bereithält. »Die machen das seit Tausenden Jahren«, weiß Julie Thompson, »es ist ein Bestandteil ihrer Kultur.« Bärengalle gegen Rheuma, Kopfschmerzen und Lebererkrankungen. Schlangenschnaps gegen Rückenleiden. Der Panzer des in Vietnam heimischen javanischen Schuppentiers, zu Pulver zermahlen, soll Wunder wirken. Das Blut von Schildkröten, heißt es, gebe Kraft; in jeder traditionellen Apotheke hängen ausgestopfte Exemplare als Symbol für Gesundheit. Und vor allem das Fleisch und Blut von Wildkatzen, in Würsten verarbeitet, stärke die Potenz.

»Uih-jui-jui«, johlt die Besitzerin des Khuc-Hao-Clubs am Westsee in Hanoi, nachdem sie die Wirkung einer kakaobraunen Soße in der Flasche vor ihr beschrieben hat. Das geheimnisvolle Elixier ist mit Reisschnaps verdünntes Tigerknochenmark und kostet zehn Millionen Dong, gut fünfhundert Euro. Sieben Tage, sagt die lustige, energische Frau, werde das Skelett der Raubkatze eingekocht, bis eine schlammige Konsistenz übrig bleibt. »Männer, die das trinken, lassen nie wieder die Fahne baumeln.« Sie beziehe ihre Tiger aus Laos, erklärt sie, doch der Nachschub lasse zu wünschen übrig, die Tiere würden immer seltener und kleiner, weshalb sie ein

Festessen mit Füchsen und Zibetkatzen vorschlägt. »Gebt mir eine Woche, dann besorge ich gegen Anzahlung alles, was gewünscht wird.«

Es mutet an wie ein Horrortrip, wenn man sich in Vietnam auf die Suche nach Bushmeat macht. Sagt man, man mache keine Bestellung, bevor man die Tiere nicht gesehen habe, zerren sie Stachelschweine aus Verschlägen, in denen sich die Käfige türmen. Im Restaurant Ban Dao Tay Ho am Hanoier Westsee liest sich die Speisekarte wie das Artenrepertoire eines asiatischen Zoos, und im Keller steht zwischen Schnapsflaschen mit riesigen Kobras ein Bottich, in dem eine Bärenmutter und ihr Junges eingelegt sind.

Allein in der näheren Umgebung des ASEAN Resort gibt es fünf Bärenfarmen, wie jene des Ehepaars Hai Thuy. Die Dame des Hauses, gelernte Krankenschwester, rammt ihren fünfundzwanzig Kragenbären sonntagmorgens um neun eine Kanüle in den Bauch und zapft per Pumpe die dunkel grüngelblich schäumende Galle ab, die umgehend in kleine Flakons abgefüllt wird, drei Milliliter vierzigtausend Dong, gut zwei Euro. Frau Thuy sagt: »Die Geschäfte gehen gut.«

Nicht einmal die SARS-Epidemie hat den Appetit der Vietnamesen auf Bushmeat schmälern können, ebenso wenig wie den der Chinesen. Es waren offenbar Zibetkatzen, die das Virus auf Menschen übertrugen, bei Wilderern und Tierhändlern hat man Antikörper nachgewiesen. Scott Roberton, ein junger Engländer, züchtet am Rand des Nationalparks in Cuc Phuong, fünfundachtzig Kilometer südlich von Hanoi, eine besonders seltene Zibet-Spezies: Hemigalus owstoni, benannt nach ihrem Entdecker, Arthur Owston. Es ist früher Nachmittag, und das schönste von Robertons fünfundzwanzig Exemplaren schlummert friedlich in einem Holzkasten; Zibetkatzen sind Nachträuber und leben von Nagetieren, Vögeln oder Regenwürmern. Als Roberton den Deckel hebt, entströmt ein süßer, fast parfümartiger Duft. Roberton: »Das ist es, was sie zum begehrten Braten macht: Man sagt, sie schmecken einfach fantastisch.«

Ho Chi Minh hat einmal gesagt: »Wald ist Gold, wenn wir ihn gut schützen, wird er sehr wertvoll werden.« Doch Onkel Ho ist tot, und die Zeiten, in denen opulente Gelage oder Besuche in Restaurants als bourgeois verpönt waren, sind auch vorbei. 1986 hat die kommunistische Regierung das Programm »wirtschaftlicher Erneuerung« ausgerufen (Doi Moi), das Vietnam nach jahrzehntelangem Krieg und Hungersnöten von der Plan- in die Marktwirtschaft führen soll. Sieben Prozent jährliches Wirtschaftswachstum locken ausländische Investoren, gigantische Industrieparks entstehen. Zum zweitgrößten Reis- und größten Kaffeeproduzenten der Welt ist das Land bereits aufgestiegen. Besonders in den Städten ist der Wohlstand rapide angewachsen, wie auch die allgegenwärtige Korruption. All dies hat die Nachfrage nach Bushmeat geradezu explodieren lassen, mit dem der soziale Status vor Geschäftspartnern und Freunden demonstriert wird.

»Der neue Binnenmarkt ist nur ein Problem«, sagt jedoch Douglas Hendrie, »viel schlimmer ist, dass Vietnams Öffnung aus der traditionellen Jagd eine lukrative Branche gemacht hat. Früher hat man nur für sich und die Familie gesorgt, heute kann man reich werden mit dem Verkauf von Bushmeat.« Vietnam gilt als wichtigster Korridor für den Handel mit China. Die Wildtier-Ware kommt zu großen Teilen aus Laos und Kambodscha, dazu sogar aus Myanmar (Birma). Die Grenzbeamten schauen weg.

Hendrie arbeitet für die Wildlife Conservation Society und hat 1998 in Cuc Phuong ein Forschungszentrum für Schildkröten eingerichtet. »Sie hatten einen Transport mit tausendfünfhundert Kilo Schildkröten konfisziert«, so Hendrie, »die nach Südchina geliefert werden sollten. Das Dumme war nur, dass keiner wusste, wohin mit all diesen Viechern.« Zum Mangel an Mitgefühl für Tiere komme schlechte Ausbildung der Polizei, niedriges Sozialprestige der Park-Ranger und mangelhafte Organisation. »Die sitzen im Wald, hassen ihren Job und besaufen sich.« Oft genug werden ihnen auch die Waffen von Wilderern geklaut. Sofern sie welche haben.

»Das Geschäft«, sagt Hendrie, »ist strukturiert wie der Drogenhandel.« Und die Profite können dabei ähnlich astronomisch sein. Siebenundsechzig von neunundachtzig Schildkrötenarten Asiens sind vom Aussterben bedroht, was ihren Preis in die Höhe treibt; ein Exemplar der äußerst seltenen Dreistreifen-Scharnierschildkröte oder Golden Coin Turtle (Cuora trifasciata) bringt tausendzweihundert Dollar pro Kilo. Ihr Panzer wird mit Kräutern zu einem Gelee vermengt, das Krebs heilen soll. »Die Schildkröten in Asien«, so Hendrie, »stecken in der Scheiße, und ich meine: tiefe Scheiße. Für Schlangen gilt das Gleiche.«

Das Restaurant Quoc Trieu in Le Mat. Die Kobra, die gerade aus einem Sack geschüttelt wird, hat nur noch wenige Minuten zu leben. Während sie sich windet, wird ihr mit einer Rasierklinge der Bauch aufgeschlitzt, Herz und Gallenblase entnommen. Wenig später serviert der Chef des Hauses ein elfgängiges Menü, in dem alles von der Haut über das Fleisch bis zum Skelett verarbeitet ist. Das Herz gebührt dem Ehrengast des Tisches, die Galle wird in Schnaps gelöst getrunken. Le Mat besteht aus dreizehn Dörfern außerhalb Hanois, jenseits des Roten Flusses. Etwa tausend Familien leben dort vom Verkauf von Schlangenfleisch und der Herstellung von Schnaps. Am Ortseingang wimmelt es vor Mopedfahrern, die potenzielle Gäste abfangen und zu den Restaurants begleiten.

Umgerechnet zweiundzwanzig Dollar, sagt der Besitzer des Quoc Trieu, zahle er für ein Kilo Kobra, gekauft würde von Zuchtfarmen. Seine rechte Hand ist verkrüppelt. »Gefährlicher Job«, sagt er lapidar und lacht. Manchmal setzt er sich zu seinen Gästen, spendiert eine Flasche Schnaps und fängt dann an zu erzählen. Die Regierung habe die Kontrollen verstärkt, klagt er, was nicht gut sei für das Geschäft: »Ich habe einflussreiche Stammkunden, die wollen von der Polizei nicht gesehen werden.« Natürlich kaufe niemand Zuchtschlangen, gesteht er, die seien schwierig zu halten, schwer zu füttern, anfällig für Infektionen. In Le Mat kursieren gefälschte Kaufverträge, Beamte werden bestochen. »Wenn uns Papiere vorgelegt werden«, sagt ein Vertreter des Forstministeriums, »dann können wir nichts machen.«

»Sie sagen immer, es ist Tradition, man kann es nicht unterbinden«, erzählt Tilo Nadler, »aber das stimmt nicht.« Nadler sitzt vor seinem Büro im Wald von Cuc Phuong, gleich gegenüber von Hendries Refugium für Schildkröten. Er kommt aus Leipzig und hat 1991 den als ausgestorben geltenden Delacour-Langur in Vietnam entdeckt. Später kam er für einen Film zurück und blieb. Seit 1995 betreibt er ein Zentrum zur Rettung bedrohter Arten, das hundertdreißig Tiere beherbergt, darunter Rotschenkelige und Graue Kleideraffen und fünf der bedrohtesten Primaten der Welt, alle heimisch in Vietnam. Vom Östlichen Schwarzen Gibbon etwa gibt es in freier Wildbahn nur noch sechsundzwanzig Exemplare, vom Goldschopflangur fünfzig. Auch Primaten werden in Asien gejagt, ihre Knochen zu Heilmitteln verarbeitet. Nadler: »Einfach zu fangende Affen sind bereits ausgerottet.«

Dennoch hat er Fortschritte erkannt in den letzten Jahren: Auch wenn die Bürokratie oft starr sei, jede Provinz ihre eigene Politik verfolge und man »den Forstbehörden ständig ans Schienbein treten muss« – inzwischen melden sich Park-Ranger bei ihm, wenn Tiere konfisziert werden; früher hat man sie meist den Händlern zurückgegeben, keiner wusste, wie sie ernährt werden müssen und wer das bezahlen sollte. Der

WWF hat unlängst einen Ring von Großhändlern zerschlagen, *Fauna & Flora International* hat in Zusammenarbeit mit mehreren Dörfern im Norden erfolgreich eine Schutzzone für Stumpfnasenaffen eingerichtet. Doch der hagere Mann hadert trotzdem immer wieder mit diesem Land, das voller Poesie und Widersprüche ist. Vietnamesen seien eigentlich sehr obrigkeitshörig, sagt Nadler, seit die Regierung Feuerwerkskörper beim Neujahrsfest verbot, gebe es keine Verletzungen und Brände mehr. »Warum haben wir dennoch weiter Probleme mit der Durchsetzung der Artenschutzgesetze?«

Die drei Herren im ASEAN Resort bestellen, nachdem die Teller mit den Cay-Huong-Resten abgeräumt sind, noch eine zweite Flasche Johnnie Walker. Sie reden über Exportpapiere, die sie sich besorgen müssten, und schließlich erzählen sie von der Zeit, als die US-Armee Hanoi bombardierte, als es noch Lebensmittelkarten gab und man schon privilegiert war, wenn man ein Fahrrad besaß. Sie lehnen sich bequem in ihre Stühle, und einer sagt: »Hättet ihr gedacht, dass es uns einmal so gut geht?«

Einkaufen für Oma

Pham Thi Hoai

Sonntags besuche ich Oma in ihrer Dachkammer ohne Fenster, es gibt nur ein Luftloch, einen fehlenden Ziegelstein über Opas Altar, damit Opa ein bisschen Frischluft bekommt. Draußen ziehen Wolken vorbei wie im TV. Oma liegt auf zwei Brettern mit Buddhas Büchern und winzigen Truhen als Stützen zwischen Flaschen, Vasen, Latschen, Kalktöpfchen, Notizbüchern, verschrumpelten Apfelsinen, einem Porzellannachttopf und einem Plastiknachttopf. Oma liegt breit auf ihrer ganzen Habe und schaut den vorbeiziehenden Wolken zu. Ich entzünde in dieser geschlossenen Streichholzschachtel für Opa jede Woche ein Räucherstäbchen, und schon sehen Oma und ich uns nur durch dicken Rauch.

»Letzte Woche gab es am Montag Goldblütenperlbaumhuhn, Dienstag Phönixembryo, Mittwoch ›Drachenbart‹, Donnerstag Goldsandrogen, Freitag Bunte Krabbenblumen, Sonnabend ›Weiße Vögel im Nest‹, heute, Sonntag, gibt es Ente mit Seegurken ›Ewiges Leben‹«, sage ich. Jeden Sonntag präsentiere ich ein neues Menü. So kann Oma beruhigt der endgültigen Verwendung ihrer Bretter entgegensehen, ihr Leben als Köchin in einem Mandarinhaushalt ist nicht umsonst gewesen. Mutter war früher Kantinenköchin und hat jetzt die Garküche »Rikschafahrermahlzeit« aufgemacht. Jeden Sonntag gibt sie mir zwei Fünftausender und sagt: »Heute hast du frei, mach einen Ausflug mit Oma.« Oma und ich gehen ein Menschenleben zurück, weiter und weiter, Oma führt mich bis vor ein vergoldetes Esstablett mit einem seidenen Fliegenschirm darauf. Und auch ich meinerseits erweise mich würdig mithilfe von Speisen, ich habe keine Ahnung, was für Speisen das sind, die Namen jedenfalls klingen wie die Sinovietnamesische Akademie. Dann lege ich andächtig die zwei Fünftausender Taschengeld auf Opas Altar, auch Opa soll sich was leisten können, ich denke, es ist anständiger, die Toten zu beschenken als die Lebenden. Und ich gehe und lasse Oma zurück, die in ihrer Kammer träumend Fleisch in Bohnensprossen des Jahrhundertanfangs füllt.

Unsere Rikschafahrermahlzeit besteht im Sommer aus viel Suppe, enthält im Winter viel Fett, ganzjährige Standardgerichte sind sauer eingelegter Senfkohl und Tofu, dazu ein wechselndes Angebot von geschmortem Fisch, geschmortem Fleisch, geschmorten Garnelen, Eierkuchen und Pfannengemüse. Mutter kann alle ihre Kantinenerfahrungen nutzen, der Suppentopf verdreifacht sich, aus einem Liter Fischsauce werden fünf, die Eier werden mit viel Geschick geschlagen und sind nach dem Braten aufgeplustert wie Hochzeitskissen, einige wenige Stückchen Fleisch werden effektvoll arrangiert wie Opferspeisen für die Götter. Als wir die Garküche aufmachten, dachte ich noch (meine Familie fürchtet sich seit zwanzig Jahren vor Mutters Künsten), wenn ich jetzt die Eier auf die Straße trage, damit die Leute sie sich schmecken lassen, ist das nur peinlich. Mutter hat mich gebeten: »Sollte Oma fragen, sagst du, wir haben ein Spezialitätenrestaurant eröffnet.« Voriges Jahr am zweiten Neujahrstag hat Mutter Sülze gekocht und mich damit zu Oma geschickt. Oma stürzte die Schale, und siehe da, auf dem Teller entstand wirklich ein bauchiger Hügel, normalerweise sind Mutters Gallertspeisen matschig wie breit gelatschter Schlamm, schon vom Hinsehen kann man ohnmächtig werden. Ich freute mich für Mutter, frohlockte aber vergeblich, Oma rührte die Sülze nicht an, also verabschiedete ich mich. Oma sagte: »Nimm das wieder mit und richte deiner Mutter aus, man muss die Brühe durch ein Tuch passieren, den Pfeffer nur ganz kurz rösten, zweimal schwenken und sofort vom Feuer nehmen, von den Pilzen sorgfältig die Stiele entfernen, und dann das Glutal ... deine Mutter will mich alte Frau wohl vergiften?« Auf dem Heimweg warf ich den Teller mit der Sülze in den See des Wiedergegebenen Schwertes. Auf Mutters Frage antwortete ich, Oma hats geschmeckt, damit Oma und Mutter sich näherrücken, Rikschafahrermahlzeit auf vergoldetem Esstablett hat Stil.

Aber ich hatte mich umsonst gesorgt. Mutter weiß selber, keine hundert Familien wollen sie zur Schwiegertochter haben, also greift sie nicht nach den Sternen. Mutters Losung ist »Alles für das Wohl des Volkes«, schon für zweihundert Dong gibt es was zu essen, das teuerste Gericht kostet anderthalbtausend. Deshalb ist es bei uns immer voll, an den Tischen ist nicht genug Platz, viele Gäste müssen ihr Essen auf der Straße im Stehen verschlingen. Von draußen sieht man nur fröhliches Essstäbchenschwingen, vielhändiges Tunken, pausenloses Saugen – ein sehr erheiternder Anblick. Den Betrieb in der Garküche hält Mutter zusammen mit mir und meinem Vetter Thai aus Buoi aufrecht. Thai ist für die schweren Arbeiten zuständig wie Wasser abgießen, Töpfe tragen, Abfälle fortschaffen, Feuer machen, Abwaschen und für Ruhe sorgen, denn unsere Gäste sind nicht von der Sorte »Zartfühlend, bloß den Reiskörnern kein Leid antun«; ein paar Tässchen Schnaps, einige Erdnüsse und eine Portion Tofu, und sie werden unberechenbar. Thai ist in jeder Beziehung faul, nur für Ordnung sorgt er mit Eifer, bei der kleinsten verdächtigen Regung schultert er das Hackmesser, stürzt hinaus und geht in Kampfposition. Wenn Mutter vorsichtig versucht, ihn zurückzuhalten, dann schnappt er ein, geht in die Küche und pisst in die Gemüsebrühe. Ihn davonzujagen, traut sich Mutter nicht, das könnte wer weiß wie gefährlich werden, also bleibt ihr nichts übrig, als ihn zähneknirschend zu dulden. Hin und wieder steckt sie ihm ein paar Tausender zu und schickt ihn zum Karaoke, denn sonst spült er seine Seele in der Garküche aus, dabei sprühen Speicheltropfen auf die Gesichter der Gäste, das ist unanständig. Er singt immer nur das Lied *Trauriger Herbstnachmittag.* Oma habe ich erzählt, unser Spezialitätenrestaurant hat einen Rausschmeißer mit Ausbildung in Japan engagiert. Karaoketoschiba-ajinomototoyotahondayamahasanyom tschuschu-biohaiotokyo. Oma hat gesagt, das klingt schöner als *mexi bocu.* Oma beschuldigt die Franzosen, die vietnamesische Küche verführt und verdorben zu haben. Ich muss sehr aufpassen, sonst rutscht mir etwas von *rôtir, farcir* plus Butter, Wurst, Schinken heraus, und Omas nach Garnelensoße, Zwiebeln und Knoblauch riechende Vaterlandsliebe wird aufgewirbelt. Mutter begeht ein noch schwereres Verbrechen als die Franzosen. Mutter rottet aus. Ich vermute, dass Oma ihren chinesischen Nachttopf aus zerbrechlichem Porzellan mit aufgemalten Feen ins Grab mitnehmen wird, um die asiatische Kultur zu bewahren, den Plastiknachttopf dagegen wird sie uns Kindern und Enkeln einer Epoche der Verflachung und Durchmischung vom Gaumen bis zur Jauchegrube hinterlassen.

In allen übrigen Dingen arbeiten Mutter und ich zusammen. Auf dem Markt feilscht Mutter, und ich trage den Korb. In der Küche bereitet Mutter zu, und ich stehe am Herd. Jeden Tag Punkt halb elf thront Mutter hinter dem Ladentisch, ich bediene die Gäste und helfe Thai beim Abwasch. Bei großem Andrang darf ich auch Reis und Gemüse schöpfen, Mutter hat das Monopol auf alles, was viel Protein enthält. Mutter fürchtet, jung, wie ich bin, suche ich viel Anerkennung und tische womöglich den Gästen unnötig große Portionen auf, das könnte unsere Garküche zugrunde richten. Bei Mutters Art, das Fleisch zu schneiden, sind größere Stücke jedoch praktisch unmöglich, Fisch- und Tofuportionen sind auch genau eingeteilt, Garnelen und Larven werden mit einem Teetässchen abgemessen; Mutter nennt das die harten Bestandteile, weil man bei ihnen nicht weich werden darf. Und die weichen Bestandteile sind Reis, Gemüse, Brühe und Würzsoße, da darf man ab und zu mal großzügig sein, damit der Gast wirklich König ist. Ich vermute, Thai hat dieses Betriebsgeheimnis an die Lastradfahrer aus Buoi verraten. Die bestellen nämlich jedes Mal nur Reis und Gemüse, essen dazu mitgebrachten Dörrfisch und schreien dauernd nach Würzsoße, aber bitte schön mit viel Zitrone und Paprika, und dann beschweren sie sich auch noch über zu wenig Glutamat. Als Reaktion darauf schüttete Mutter brüsk in jedes Schälchen Würzsoße einen vollen Esslöffel Glutamat und sagte, jeder Beruf hat seine unangenehmen Seiten, vergiss sie und genieße dein Leben, mein Kind. Ich fürchtete, die Lastradfahrer aus Buoi könnten sich vergiften, also füllte ich heimlich eine Schüssel mit ein paar Kellen Wasserwindenbrühe und stellte sie ihnen unbemerkt hin. Wenn ich Schluckauf, Bauchschmerzen oder Grippe habe, sagt Mutter immer, trink Gemüsebrühe, und es geht vorbei.

Wenn alles so weitergeht, kann ich mich eigentlich nicht beklagen. Ich träume nicht davon, einen engen Rock zu tragen, elegant in den Hüften schwingend zu einem Tisch mit Tischtuch zu geleiten und als Vorspeise eine dreisprachige Speisekarte zu servieren. Die Mädchen in meinem Alter mit so einem Job scheinen sehr stolz darauf zu sein, ihre Lippen sind feucht, als würden sie den ganzen Tag geküsst. Ich würde auch gern wissen, wie Küssen ist. In der Garküche »Rikschafahrermahlzeit« führen Mutter und ich unser Frauendasein, und sonst gibt es nur raue Männer, auf den Hintern bekomme ich schon öfter mal eins, aber Küsse sind offenbar wie Schmetterlinge, alle sitzen schon auf anderen Blumen. Auch Thai ist ein Mann, ein derber, aggressiver und leicht reizbarer Mann. Wenn ihn der Übermut packt, stürmt er die Küche und lässt rohe Eier in den Ausschnitt meiner Bluse gleiten. Dann schaut er zu, wie ich hastig die Bluse ausziehe, damit die Eier nicht zerbrechen. Nichts weiter. In dieser Garküche das Leben besonders zu genießen, fällt schwer, aber dafür kann keine Langeweile aufkommen. Oft fühle ich mich diesen schlingenden Menschen sogar verwandt, als hätten wir von Kindesbeinen an vom gleichen Esstablett gegessen, es schmeckt zwar nicht, aber man wird vollkommen satt. Außerdem sind sie alle ständig auf dem Sprung, um jedermann ihre Dienste anzubieten, sie gönnen sich nicht mal beim Essen Ruhe, sie haben mich angesteckt mit dem Gefühl, hektisch und wie im Trancezustand einer Totenbeschwörung zu leben. Eigentlich machen viele von ihnen einen sehr unsympathischen Eindruck. Sie kauern auf dem Hocker wie auf dem Klo und stochern in den Zähnen, als würden sie den Marktplatz fegen, ihre unflätigen Flüche zwischen zwei schlürfenden Schlucken klingen unerträglich gemein, aber Mutter sagt, so ist das nun mal, der Gast ist König, selbst wenn er hier herumscheißt, müssen wir das schlucken, vergiss es, mein Kind, und genieße das Leben. Ich muss zugeben, Mutters unverblümte und brutale Exkantinenköchinnen-Weltanschauung hat jetzt durchaus Herz und Humor.

Hier zieht der Tag rasanter vorbei als bei Oma im TV. Ab halb elf bleibt keine Minute Zeit für ziellose Gedanken. Nur morgens, wenn ich am Herd stehe, murmle ich Sonntagsmenüs vor mich hin, damit ich beim Blick in die Töpfe und Pfannen keine Gänsehaut bekomme. Ich weiß genau, die

Suppe für heute ist die Suppe von gestern, getarnt mit frischem Lauch, und die Suppe von gestern ist die Suppe von vorgestern, und der Fleischtopf dort, in dem es gerade so munter goldbraun köchelt, enthält zwei Kilo und hundert Gramm Fleisch, das gestern Abend auf dem Markt noch übrig war. Gesprenkelt mit Fliegen und Fliegendreck wie mit schwarzen Erbsen und Sesamkörnern. Aber unsere Gäste leben so auf dem Sprung, das Essen bleibt nicht lange im Mund, sondern rutscht gleich weiter nach unten, keiner hat Zeit, aus der Suppe von heute die Suppe von gestern herauszuschmecken. Ich für meinen Teil brauche nur eine Weile zu murmeln »Blumige Wurst ›Mond im Bett‹, Fischfilet Magnolienpavillon, Schneewittchensuppe, Gedämpftes Hühnchen mit Seegurken …«, und die Gänsehaut ist weg. Ich weiß nicht, was Seegurken sind, aber es klingt sehr nahrhaft. Was nahrhaft ist, das schmeckt, darin sind Oma und Mutter sich einig. Punkt. Ich bin weder heikel wie Oma noch lax wie Mutter. Omas Jahrhundertanfangküche und Mutters Jahrhundertendeküche sind sich außerdem darin einig, die Esser zu täuschen. Omas Fischinnereien spielen sich als »Drachenbart« auf. Mutters Fleischklößchen bestehen zu hundert Prozent aus Mehl. Oma macht die Leute über Ohren und Augen satt. Mutter macht die Leute satt, indem sie ihnen den Magen mit Ballast vollstopft. Beide verehren bedingungslos Protein. Und ich, womöglich werde ich im 21. Jahrhundert beide Täuschungskünste miteinander verbinden und Oma und Mutter unsterblich machen durch eine Schule, die ich »Vereinigte vietnamesische Küche von gestern und heute« nennen könnte. Ich werde Augen, Ohren und Magen tüchtig massieren und den Stolz der Gäste hinzufügen, denn der Stolz der Gäste und nicht meiner ist schließlich der kritische Punkt. Und ich werde ein Buch schreiben, in dem mehr nützliche Dinge stehen werden als in allen Kochbüchern, die ich jeden Sonntag in der

Stadtbibliothek von Hanoi lese, bevor ich zu Oma gehe und das Menü der Woche verkünde.

Unsere Garküche floriert, Mutter befindet sich auf dem Höhepunkt ihrer Kunst, und ich habe gerade das letzte Kochbuch in der Stadtbibliothek von Hanoi fertig gelesen, da startet die Polizei die Kampagne »Schöne und saubere Stadt«. Die Polizei jagt durch die Straßen und schleppt alles, was nicht niet- und nagelfest ist, auf die Wache. Ich komme aus der Küche gestürzt und sehe, wie Mutter sich in einer grünlich grauen Krabbensuppenpfütze wälzt, die Haare behängt mit Krabbeneiern wie mit Perlen. Es ist noch früh, und Gäste sind noch keine da. Thai holt den Schlauch, richtet den Wasserstrahl auf die wüst über dem Erdboden verstreuten Speisen und spült wie beim Mopedwaschen eine nach der andern weg. Bei jedem Treffer »Es lebe die Sauberkeit!«, »Hoch die Schönheit!«. Der ganze Straßenabschnitt verwandelt sich in einen übergelaufenen Eintopf. Bei diesem Anblick kommt Mutter auf die Beine und schüttelt sich vor Lachen. Die Krabbeneierperlen in ihren Haaren wippen aufgeregt mit.

An diesem Tag gibt es nichts zu tun, also besuche ich Oma. Ich bin Omas Kalender. Oma beklagt sich seufzend, kaum ist sie einen Moment eingenickt, ist schon wieder eine Woche vorüber. Eigentlich ist ja erst Mittwoch. Aber ich lasse sie in ihrem Glauben, damit sie schon ein paar Tage mehr gelebt hat, ich nehme das Sonntagsmenü her und trage es vor. Letzte Woche gab es »Weiße Störche auf Schachbrett«, Hühnchen auf Orchideenzweig, Fleischbällchen »Schneeblüten« … Normalerweise quittiert Oma jedes Gericht mit einem »Mhm«, ich ahne, auch sie weiß nicht, was für Gerichte das sind, die Kochbücher in der Stadtbibliothek von Hanoi sind alle erst in der heutigen Zeit erschienen, ihre Verfasser stammen meist aus dem Süden und kochen modern, das heißt, sie geben Pilze, Schinken und Koriander an jedes Gericht. In dem Buch von Herrn Phan Ke Binh *Vietnamesische Sitten und Gebräuche* vom Anfang des Jahrhunderts habe ich gelesen, in der Natur fehlt es nicht an reichen Schätzen für unsere Ernährung, diese aber werden durch eine stümperhafte Zubereitung vergeudet, weil die Köche in der Regel Hausfrauen und Diener sind, die der althergebrachten Maxime folgen »Hauptsache, es ist essbar«, kein Mensch kümmert sich um die hohe Schule der Kochkunst. Auch Mutter sagt: »Nun ja, ich koche nicht gerade fein, aber Oma bringt es auch nur auf ein paar geschmorte und ein paar gekochte Gerichte, Fischschuppensuppe und gedämpfte Ente, das ist schon alles.« Also darf ich mich jeden Sonntag über Omas »Mhm« freuen, denn einerseits wird Mutters Verbrechen ein wenig wieder gutgemacht, und andererseits schmeckt mein Menü nicht nur mir allein. In diese geschlossene Streichholzschachtel mit einem Lüftungsloch, in dem sich Rauch und Wolken um den Durchzug streiten, brauche ich nur einen irgendwo aufgelesenen guten Happen mitzubringen, und Oma und Enkelin lecken sich die ganze Woche lang die Lippen. Vielleicht tauchen meine sinovietnamesischen Bemühungen den Jahrhundertanfang in ein goldenes Licht. Vielleicht lässt Omas Jahrhundertanfang mein kommendes Jahrtausend lächerlicher erscheinen. Ich stelle nicht viele Fragen, ich bin nicht traurig, nur manchmal ein wenig verwirrt. Jedermann passt ganz selbstverständlich in seine Zeit wie das Bild in den Rahmen, nur ich weiß noch nicht, wo ich hineinpassen soll, ich schlüpfe mit viel Mühe in den einen Rahmen hinein und wieder hinaus in den nächsten und fühle mich nirgendwo für längere Zeit heimisch.

Ich habe gefüllte Tauben mit Seegurken angesagt und höre von Oma kein »Mhm«. Ich blicke auf und sehe ein seltsames Lächeln, ich denke, Vorsicht, wenn sie jetzt fragt, was Seegurken sind, dann sitzen wir beide in der Tinte. Aber sie fragt nicht, lächelt nur immer weiter und sagt dann sehr sanft: »Seegurken oder Dotdot, die muss man vor dem Kochen einweichen, in dem Wasser, mit dem die Krabben gewaschen werden …«

Ich bin erleichtert, auf Omas vergoldetem Esstablett mit dem Fliegenschirm aus schwarzer Seide gibt es zumindest Seegurken. Aber jetzt weiß ich noch nicht, was Dotdot sind. Ich warte lange, ohne dass Oma noch etwas sagt, ich beuge mich über sie und schaue ihr einen Moment ins Gesicht, dann renne ich hinaus, so schnell mich meine Beine tragen. Am See des Wiedergegebenen Schwertes fällt mir plötzlich ein, ich habe vergessen, die Kammer zu verriegeln, also kehre ich wieder um. Oma liegt immer noch breit auf ihrer ganzen Habe und schaut den vorbeiziehenden Wolken zu. Ich stehe unschlüssig, dann trete ich höflich näher und drücke ihr die Augen zu. Jetzt kann Oma einen Moment einnicken, und ein Jahrhundert ist vergangen, aber das ist unwichtig, heute ist Sonntag, morgen ist Sonntag, übermorgen ist Sonntag, das ist wichtig. Ich ergreife äußerst behutsam das Ende eines Brettes und hebe es an, es gelingt mir, ein Buch Buddhas hervorzuziehen und Oma in die Hände zu legen. Jetzt liegt Oma etwas schief, aber das macht nichts, das Buch Buddhas stützt jetzt Omas Seele. Omas Seele ist auch breit.

Ich entzünde eine Unmenge von Räucherstäbchen, damit Oma Duft hat, dann verriegle ich die Tür und gehe.

In der Garküche sitzt Thai allein und singt *Trauriger Herbstnachmittag*. Meine Mutter ist wahrscheinlich auf der Wache und bietet den Polizisten ausländische Zigaretten an. Thai und ich haben nichts zu tun, also gehen wir in die Küche. Thai lässt viele Eier in den Ausschnitt meiner Bluse gleiten. Einen ganzen traurigen Nachmittag lang lasse ich mir von ihm beim Eierfangen helfen. Später werde ich auf jeden Fall heiraten. In solchen zerschmetterten Momenten ein klein wenig Mann an der Seite haben und dazu noch geküsst werden, dann vergeht auch so ein Tag.

Viele Tage vergehen. Stets gehe ich am Vormittag Oma besuchen, am Nachmittag spielen Thai und ich mit Eiern. Die Kochbücher sind aufgebraucht, jetzt nehme ich einen nach dem andern die anständigen Fünftausender von Opas Altar, kaufe davon Delikatessen und stelle sie Oma hin. Echte Delikatessen. Jeden Tag ein Gericht. Ich gehe zu den Restaurants mit den jungen Mädchen in meinem Alter mit den engen Röcken. Alle Restaurants sind einander ein wenig ähnlich, alle führen zwanzig, dreißig Standardgerichte mit dreisprachigen Namen, gar nicht so vielfältig und sinovietnamesisch wie meine Sonntagsmenüs. Ich komplettiere, indem ich an jedes Gericht Pilze, Schinken und Koriander gebe. Liebe Oma, heute gibt es Goldenes Huhn im Lustteich. Heute gibt es Fünffarbige Frühlingsblüten. Heute gibt es Achtkostbarkeitenreis in Lotosblättern. Oma ist jedes Mal zufrieden, wenn alte Leute so still sind, dann sind sie zufrieden. Und als ich mit dem offiziellen Teil am Ende bin, nehme ich deshalb allen Mut zusammen und gebe Kommentare am Rande. Meiner Meinung nach manipulieren wir nur zu offensichtlich die Nahrungsmittel, was legt man zum Beispiel für einen Wert auf ein leuchtendes Karottenrot neben einem Gurkengrün, und die Krabbenchips müssen unbedingt auf dem Teller zu einem fettig weißen Blütenkranz angeordnet werden, also mir kommt das unsagbar nackt vor. Wenn man eine Ente aushöhlt, um ein Huhn hineinzustecken und in das Huhn noch eine Taube, um alles zusammen in einer riesigen Melone weich zu garen, dann ist das meiner Meinung nach ein Irrsinn, der zur Norm geworden ist. Meiner Meinung nach bedeutet liebevolle Behandlung von Nahrungsmitteln nicht, dass man mit Streichelfingern an ganz nichtsnutzigen Deko-Tomaten herumschnipselt und -zupft oder Fleisch in Bohnensprossen füllt. Von Mutters

Kantinenerfahrungen gar nicht erst zu reden, das ist Gewalttätigkeit. Ausrottung. Liebevolle Behandlung von Nahrungsmitteln hat nichts mit Verehrung von Protein zu tun. Hat nichts zu tun mit den so wohlklingenden Namen. Die Liebe im Bissen fordert sehr viel Unverfälschtheit von beiden Seiten.

Meiner Meinung nach … was habe ich schon zu meinen. Meine ganze eifrige Theorie stützt sich auf Rikschafahrermahlzeiten, eingewickelt in Kochbuchseiten aus der Hanoier Stadtbibliothek und serviert auf einem vergoldeten Esstablett. Nichts weiter. Ich weiß noch nicht einmal, was ein Dotdot ist.

Aber Oma kann nicht sehen, wie ich mich schäme. Der Rauch ist so dick, und die Fliegen sind wie schwarzer Regen. Wenn ich die Tür aufmache, springe ich jedes Mal beiseite und lasse einen schwarzen Regenguss vorbeischießen, der ein bisschen von Oma und ein bisschen von meinen Gaben mit sich spült. Dann entzünde ich Unmengen von Räucherstäbchen, stelle einen weiteren Teller zu den überall auf dem Boden verteilten Leckerbissen, setze mich hin und verlese das Sonntagsmenü. Ich sehe Oma nur undeutlich. Gestern schien sie angeschwollen zu sein, sich noch weiter ausgebreitet zu haben und ihre eng gewordenen Kleider zu sprengen. Heute scheint sie sich aufzulösen. Bald werden Fliegen und Ameisen sie auf eine Reise ein Menschenschicksal auf- und abwärts tragen. Sie scheint Buddhas Farbe anzunehmen, ihre dünne weiße Baumwollbluse ist jetzt braun geworden. Ihr Lächeln scheint zu einer üppigen violetten Blume aufzugehen.

Als ich den letzten Fünftausender ausgegeben habe, ist auf dem Fußboden kein Platz mehr für eine weitere Delikatesse. Oma liegt schief auf dem Boden. Das Gesicht ist der Tür zugewandt und erwartet mich, der Mund berührt den Rand einer Schale Fischschuppensuppe. Ein grauenhaftes Rinnsal schlängelt sich von der Schale hinauf oder sickert aus dem Mund in die Schale. Ich bewahre mühsam die Fassung und flehe Oma an: Bitte kehr doch besser an deinen alten Platz zurück, wende das Gesicht zu Opa und schau dir die vorbeiziehenden Wolken an, so im Liegen schmausen, das ist doch sehr liederlich. Aber die beiden losen Bretter sind auf Omas ganze Habe gestürzt. Die watteleichten Feen winden sich in einem qualvollen Durcheinander. Ich schließe die Augen. Als ich die Augen wieder öffne, sehe ich Millionen Maden wimmeln.

Ich renne davon, so schnell mich meine Beine tragen. Ich renne geradewegs in die Küche zu Thai und finde ihn nicht. Ich finde nur zerschlagene Eier, die noch niemand aufgewischt hat. Gestern Nachmittag haben wir so wild mit Eiern gespielt, der ganze Körper hat geklebt, und ich musste mich baden. Bestimmt hat meine Mutter die Gelegenheit genutzt und Thai nach Buoi zurückgeschickt, wahrscheinlich wird er bald als Lastradfahrer arbeiten. Ich sage zu Mutter, Oma hat Appetit auf Sülze. Ich werde die Sülze kochen, Mutter wird sie zu Oma bringen. Damit Oma und Mutter sich näherrücken. Mutter wird wissen, was mit den beiden Brettern zu tun ist. Leichenschmaus habe ich genug serviert, nun nur noch ein letztes Gericht, das möge Mutter bitte eigenhändig Oma überreichen mit Opa als Zeugen. Ich nehme ein Tuch und passiere die Brühe, entferne sehr sorgfältig die Stiele von den Pilzen, röste den Pfeffer nur ganz kurz …

Mutter ist Oma besuchen gegangen. Ich habe nichts zu tun, sitze herum und singe das Lied, das ich von Thai aufgeschnappt habe. Ich reihe zusammenhanglos Liedzeilen aneinander. In solchen leeren Momenten ein Lied vor sich hin singen, an das man sich nur bruchstückhaft erinnert, und auch dieser Tag vergeht.

Eine Woche später ist die Kampagne »Schöne und saubere Stadt« eingeschlafen, unsere Garküche ist wieder geöffnet.

Das Warten der Frau Vy

Ma Van Khang

»Großmutter! Kommen Sie schnell nach Haus, Onkel Cu ist heimgekehrt!«

Diesen Ruf hörte die alte Vy auf dem Markt, als sie an dem Stand, wo die »Bevorzugten« bedient wurden, gerade etwas Fleisch auf Marken erstanden hatte. Seit diesem Augenblick war sie ganz außer sich vor Aufregung. Sie freute sich so sehr, dass ihr die Sinne schwinden wollten. Sie brauchte einen Moment, um ihre Fassung wiederzugewinnen, um wieder zu wissen, wo sie war und was sie gerade tat. Cu, ihr jüngster Sohn, der einzige, der ihr noch geblieben war, hatte vor ein paar Monaten nach Hause geschrieben, dass er vielleicht bald entlassen würde, der Tag der Heimkehr sei jedenfalls nicht mehr fern. Welche Freude könnte größer sein als die einer Mutter, die ihr Kind wiedersieht? Deren Kind wieder heimkehrt nach sieben, acht Jahren Trennung? Doch Frau Vy musste ihre Freude zügeln. Vorerst galt es, sich durch das Marktgetümmel zu kämpfen, um noch ein paar Gewürze zu kaufen, damit sie ihrem Sohn – dessen Ankunft bisher nicht mehr als eine Ankündigung war – ein richtiges Willkommensmahl bereiten konnte. Erst danach konnte sie mit hastigen Schlurfschrittchen durch das Markttor hinaus. Wenn sie nicht achtgab, würde sie in der Aufregung noch irgendetwas vergessen. Sie blieb stehen und begutachtete ihre Einkäufe in der roten Plastiktasche, beruhigte sich, als sie sah, dass wirklich nichts mehr fehlte, angefangen von der Packung Reistrester über das Bündel Melisse bis hin zu Knoblauch und Chilischoten, und erst dann machte sie sich beruhigt auf ihren Rückweg.

Die Tasche war schrecklich schwer und zog die ganze Gestalt der Alten auf eine Seite. Sie war schon hochbetagt, und die Last eigentlich zu viel für sie; wenn sie jetzt stolperte, wäre das ein Verhängnis. Das wusste sie und konnte doch nicht langsam gehen, nicht mit Bedacht einen Fuß vor den anderen setzen, wie sie es sonst tat. Oje, das Schicksal hatte ihr wohl vorbestimmt, dass für sie alles stets mit Mühsal und Anstrengung verbunden sein würde: So eilig sie es auch hatte, sie konnte noch nicht sofort nach Hause gehen. Erst musste sie noch ein paar Wege in der Nachbarschaft erledigen! Zweihundert Gramm Fleisch hatte sie für Herrn Mon mitgebracht, für Frau Loi einen Schweinefuß, ein paar Rippchen und hundertfünfzig Gramm Fett für den alten Tien. Alle diese alten Leutchen standen allein da, hatten ihre Kinder in der Armee. Vy kaufte für sie mit ein, da sie als Mutter eines im Krieg gefallenen Kämpfers einen »Bevorzugten«-Ausweis hatte und deshalb nicht in der normalen Schlange anstehen musste. Seit jeher hatte in Vys Brust ein mitfühlendes Herz geschlagen, stets hatte sie an andere gedacht und Hilfsbereitschaft bewiesen. Nun, im Alter, nach so vielen Jahren, die sie selbst auch allein gelebt hatte, war der Gedanke der gegenseitigen Hilfe für sie noch wichtiger geworden. Doch sie konnte nicht ewig herumbummeln. Als sie endlich zum Haus der alten Lan kam, der Letzten derer, die zu bedenken waren, und der sie Betelnüsse und Arekablätter mitgebracht hatte, war ihre Ungeduld kaum noch zu zügeln.

»Schrecklich, diese Hitze! Noch so früh und schon so drückend! Kommen Sie doch bitte herein, und trinken Sie etwas!«

»Bitte ein andermal. Ich gehe gleich nach Hause, mein Jüngster ist gerade aus dem Süden heimgekommen!«

»Welcher Jüngste?«

»Na, der Kleine, Cu.«

»Ach, der jüngere Bruder des Jungen, der in Quang Tri gefallen ist, nicht wahr? So schnell? Es werden wohl so fünf, sechs Jahre sein, die der Kleine weg war, richtig?«

»Sieben Jahre, drei Monate und zwei Tage, meine Liebe!«

Endlich, endlich war ihre Tasche leicht wie eine Feder, denn nur noch zweihundert Gramm Fleisch, zwei Päckchen gebackene Bohnen, ein gutes Dutzend Schnecken und allerhand Gewürze und Zutaten für ein gutes Willkommensessen für den heimgekehrten Sohn lagen noch darin. Die leichte Tasche sprang beinahe am Arm der alten Vy, so forsch schritt sie aus.

Sie hörte den fröhlichen Lärm schon, als sie in die Gasse einbog. Vor allem waren es natürlich die Kinder. Der kleine Tu, der Sohn von Loc, der Frau eines Druckereiarbeiters von nebenan, kam oft zu ihr herüber zum Schlafen. Tu war sieben Jahre alt und hatte schlechte Zähne. Er war es gewesen, der bis hinaus zum Markt gelaufen war, um ihr die Nachricht zu bringen. Jetzt ließ er seinen Kreisel im Stich, der sich allein weiterdrehte, um stolz zu berichten: »Ich habe ihn zuerst gesehen! Der Onkel trägt Armeekleidung, Großmutter!«

Die anderen Kinder drängten sich um sie und zwitscherten: »Der Onkel hat einen riesengroßen Rucksack geschleppt, Großmutter!«

»Großmutter, er sieht ganz schwarz gebrannt aus, und auf dem Arm hat er einen Anker. Er hat sich am Wasserhahn gewaschen, da habe ich es selbst gesehen!«

Die Leute aus der Gasse zeigten sich alle und teilten ihre Freude mit der alten Vy: »So eine Freude, Frau Vy! Sie müssen ein Huhn schlachten zu diesem Anlass! Na, nun sind Sie aber froh, nicht? Nun sind Mutter und Sohn wieder vereint, vorbei die Zeit des Wartens und der Einsamkeit, nicht wahr, meine Liebe?!«

Und diese Bekundungen waren echte Mitfreude. Schon seit Langem mochte jeder in der Gasse die alte Vy wirklich gut leiden. Eine Frau, die immer freundlich zu allen war, ob jung oder alt, die jederzeit mit helfender Hand eingriff, wo Hilfe gebraucht wurde. Eine Frau, die nicht nur im Sinne der staatlichen Kampagnen ein Vorbild für die Nachbarn war, sondern darüber hinaus – und vor allem – auch noch die Mutter eines im Krieg gefallenen Soldaten. Der Sohn der Alten war gerade mit der zehnten Klasse fertig gewesen, als er in die Armee eintrat. Er hatte tapfer gekämpft und war 1972 an der Front von Quang Tri gefallen. Erst fast zwei Jahre später hatte seine Mutter die Nachricht vom Tod ihres Ältesten erhalten. Der Schmerz hatte sie damals umgeworfen – ohnmächtig war sie vor den Augen derer, die zur Trauerfeier gekommen waren, zusammengebrochen. Doch nachdem sie wieder zur Besinnung gekommen war, hatte sie ihren jüngeren Sohn, der damals gerade achtzehn war, zur Einberufungsstelle gebracht und gebeten, »ihn aufzunehmen, damit er seinen älteren Bruder rächen und die Pflicht dem Vaterland gegenüber erfüllen kann«.

Jene Ereignisse hatten die hohe Moralauffassung von Frau Vy deutlich gemacht. Und lange Zeit hindurch hörte man sogar im Radio, wie Hörer sie »große vietnamesische Mutter« nannten. Und welche Ehrenbezeichnung hätte wohl würdiger sein können?! Oh Gott, ein Kind zu verlieren – für diesen Schmerz gab es keine Linderung, doch wenn ihm wenigstens Achtung gezollt wurde, war das doch so etwas wie ein Trost. Dafür fühlte man sich als Mensch, als Mitmensch, als Mitbürger und fand irgendwie die Kraft weiterzuleben. Diese Achtung der Gesellschaft, die Dankbarkeit der Menschen, der Gemeinschaft zeigte sich in den Blicken der Leute, in dem Klima, das Frau Vy atmete, in der Umgebung, in der sie wohnte. Und das war es nicht allein, sie zeigte sich auch in festgelegter, minutiös umgesetzter Weise in allen möglichen Kleinigkeiten des Lebens, bis zu einem Grad, dass Frau Vy glaubte, man gewähre ihr mehr Ehre, als ihr gebühre. Und ihrem Schmerz wurde einiges von seiner Schärfe genommen. Der Mensch lebt nicht vom Reis allein. Er lebt auch für die Anerkennung. »Ein Grußwort ist mehr wert als eine Schale Reis.« Umso mehr, als es nicht beim Grußwort blieb. Da war der »Bevorzugten«-Ausweis. Da waren die Fest- und Feiertage, der 1. Mai, der 27. Juli, der 2. September, der 19. Dezember, das Neujahr nach westlichem Kalender, das Mondneujahr. Ein geschlossener Kreislauf von Anlässen, zu denen man kam, um ihr Grußworte zu überbringen und Geschenke, auch wenn es nur ein Päckchen Tee der Sorte »Hong Dao« war oder eine vorgedruckte Karte, die mit gleichem Wortlaut an alle Mütter gefallener Helden im ganzen Land versandt wurde, oder einige Dankesfloskeln, die der Leiter der Abteilung Kriegsversehrte und Soziales des Stadtbezirkes feierlich, mit abgenutzten Worten formulierte oder der Repräsentant der Straßenverwaltung – es reichte aus, um die alte Vy so zu rühren, dass ihre Tränen in Strömen flossen.

Geschenkte Teepäckchen legte sie auf den kleinen Altar, der ihrem verstorbenen Mann und ihrem Ältesten gewidmet war. Obwohl »kein Grabmal inmitten des Dorfes«, war so ein Teepäckchen doch immerhin eine Anerkennung, und sein ideeller Wert war um ein Vielfaches höher als der materielle. Darüber hinaus kam die alte Vy in den Genuss einer konkreten täglichen Fürsorge, die nicht mit Geld aufzuwiegen war.

»Mütterchen! Wie geht es Ihnen, meine Liebe? Sie müssen dieses Jahr doch auch schon siebzig sein, nicht wahr?«

So fragte eines Tages der Leiter der Abteilung Kriegsversehrte und Soziales, als er sie besuchte, während er mit beiden Armen eine große Plastiktüte umklammerte.

Sie antwortete: »Danke der Nachfrage, ich habe dieses Jahr wirklich die runde Siebzig erreicht. In letzter Zeit huste ich nachts viel, und ab und zu zieht es in der Brust. Als ich jung war, habe ich viele Lasten geschleppt, und nun, im Alter, spüre ich meine Wirbelsäule, wenn sich das Wetter ändert.«

Der Leiter der Abteilung hatte nur der Form halber nach ihrer Gesundheit gefragt, der eigentliche Anlass seines Kommens war ein anderer: Er wollte ihr den »Bevorzugten«-Ausweis überreichen und dazu noch ein Geschenk: einen Wollpullover. Frau Vy war sehr bewegt, als sie die Karte entgegennahm. Und der Wollpullover, der machte ihr regelrecht Angst, sodass sie ihn anfangs gar nicht anzunehmen wagte. Sie dachte, das sei ein zu großes Geschenk. Später nahm sie ihn dann doch, nachdem man ihr wortreich erklärt hatte, dass er ihr zustehe, doch ihre Hände zitterten stark, als sie den Pullover entgegennahm. Aber das war noch nicht alles. Der Herr Leiter schwatzte noch einen Moment mit ihr, bevor er sich schließlich verabschiedete.

»Sie sehen nicht besonders wohl aus in letzter Zeit. Sie sind nicht mehr die Jüngste, Sie müssen auf Ihre Gesundheit achtgeben. Seien Sie nicht zu sparsam, knapsen Sie nicht an jedem Bissen Essen und auch nicht bei der Bekleidung. Wenn es einen erst einmal auf das Krankenbett zwingt, ist es vielleicht zu spät. Sie müssen ordentlich essen! Die Hinterbliebenen-Rente von Ihrem Ältesten, packen Sie die nicht nur beiseite, Sie sind doch jetzt eine Person der Regierung. Bei Krankheit sorgt der Staat für Sie. Wenn Sie mal in die Klinik müssen, übernimmt auch dort der Staat die Kosten. Machen Sie es nicht wie so viele alte Leutchen, die zwar noch leben, aber nur noch an ihren Sarg denken.«

Für eine arme Frau, die daran gewöhnt war, auf sich allein

gestellt zu sein und in Dürftigkeit über die Runden zu kommen, die stets jeden Sou dreimal umdrehte, bevor sie ihn ausgab, und die noch nie in ihrem Leben von irgendeiner Seite einen Dong oder eine Schale Reis geschenkt bekommen hatte, waren das Wohltaten, von denen sie im Leben nicht zu träumen gewagt hätte. Frau Vy drohte sich fast in ihren Tränen aufzulösen. Sie konnte nur noch versprechen, eine vorbildliche Bürgerin zu sein, um sich der Wohltaten des Staates dankbar zu erweisen. Ihren Jüngsten wolle sie anspornen, um der Ehre der Mutter willen tapfer zu kämpfen und Erfolge zu erringen.

So verlebte Frau Vy Monate und Jahre in der Fürsorge und Geborgenheit ihrer Umgebung. Auf diese Weise wurde ihr das Leben allein einigermaßen erträglich. Sicherlich, oft, wenn sie die junge Thanh sah, die Schwester von Loc, wie sie an jeder Hand ein Kind hielt, konnte sie nicht verhindern, dass ihr die Tränen über die Wangen rannen: Wenn ihr Sohn noch lebte, dann wäre Thanh jetzt ihre Schwiegertochter, und Frau Vy hätte schon eine ganze Schar Enkelkinder! Doch genau besehen, zwang der Himmel niemandem ein Schicksal auf, das zu bitter war. Denn siehe da, ihr Jüngster war heimgekehrt! Nach dem langen Krieg, nachdem so viel Blut und so viele Tränen vergossen waren, schwiegen nun die Waffen, und der einzige ihr noch verbliebene Sohn kehrte zu ihr zurück. Welche Freude konnte größer sein? Mutter und Sohn wären wieder vereint. Nach all den Opfern und Verlusten würde das Leben nun leichter werden, ganz bestimmt. Ihr Sohn würde arbeiten gehen. Und sie, sie würde eine nette, hübsche Schwiegertochter aussuchen, so eine wie Thanh. Die Kinder und das Ersparte auf dem Konto waren Versicherung und Stütze für das Alter.

Es waren nur diese wenigen Überlegungen zu einer fernen

Zukunft, doch sie verwandelten die alte, magere, abgehärmte Gestalt von Frau Vy, verjüngten sie und ließen sie schneller gehen, so schnell, dass die alte Nghi aus der Nachbarschaft, die gerade Gemüse am Wasserhahn des Gemeinschaftshofes wusch, rief: »Vorsichtig, Frau Vy, nicht, dass Sie noch stolpern!« Dieser Hof aber auch, mit seinem holprigen Boden, mit Löchern und Buckeln, auf dem sie letzten Monat schon einmal gestürzt war. Es war auch auf dem Heimweg vom Markt gewesen, als sie plötzlich von einer unbestimmten Unruhe erfasst und von der Vorstellung getrieben worden war, ihr Sohn könnte unverhofft heimgekehrt sein und müsste nun wartend vor der Tür stehen.

Doch dieses Mal stolperte Frau Vy nicht.

Schwer atmend, einen plötzlichen Hustenanfall unterdrückend, stellte sie die Tasche vor die halb geöffnete Tür. Die zwei Türflügel in verblichenem Rotbraun rührten sich nicht. Auf der Türinnenseite hingen alle möglichen Urkunden und Belobigungen: für die »neue kulturvolle Familie«, für »gute Hygiene«, Glückwünsche zum Tet von Volkskomitees aller Ebenen und von verschiedenen Armeeeinheiten, manche verblichen, andere noch ganz frisch. Ganz oben ein paar mit Kreide geschriebene, verwischte Schriftzüge: »Mutter, auf Wiedersehen. Dein R.« Das waren Worte von Ruan, ihrem Großen, der bei einem kurzen Besuch auf dem Weg zur Front vorbeigeschaut hatte.

»Und wenn sich der Kleine nun geirrt hat?« Der plötzliche Zweifel stoppte ihre Freude. Doch dann drückte sie sacht die Tür auf. Tatsächlich! Es war wirklich Cu, ihr jüngster Sohn! Er war zurückgekommen und lag nun schlafend vor ihr. Auf der aus drei, vier Brettern bestehenden Holzpritsche, die Frau Vy seit jeher als Schlafstätte diente, lag lang ausgestreckt ein junger Mann mit bloßem Oberkörper, strubbeligem Haar, dicken Lippen und trotzigem Gesichtsausdruck. Sein Kopf ruhte auf einem flachen Rucksack, die langen, behaarten Beine ragten weit über die Pritsche hinaus. Er schlief und schnarchte dabei laut und gleichmäßig. Geschwind drehte sich Frau Vy wieder zur Tür, setzte leise einen Fuß vor den anderen und ging hinaus auf den Hof. Zu den Kindern gewandt, die herangestürmt kamen, zog sie hinter sich die Tür zu und sagte: »Lasst es gut sein, Kinder, geht spielen, damit der Onkel schlafen kann, ja?«

Dann ergriff sie die Tasche, packte das Hackbrett und machte sich auf den Weg zum Gemeinschaftswasserhahn. Thanh stand da und gab ihrem Baby die Brust, dabei wiegte sie ihren Oberkörper leicht hin und her und rief fröhlich: »Er kam mit einem Rucksack in die Gasse gestapft, traf mich, als ich gerade von der Arbeit nach Hause kam, grüßte nicht und fragte nur: ›Wohnt meine Mutter noch hier?‹«

Die alte Vy lachte, Lachfältchen belebten ihre Wangen: »Dieser Bursche, er ist seinem älteren Bruder kein bisschen ähnlich!«

Frau Nghi wuchtete ächzend eine Schüssel mit Wäsche herbei: »Herr Räuberhauptmann Cu, müsste man wohl sagen! Da, dort liegen immer noch die Ziegelsteine, die der Herr mit seinen Gummibolzen zerschossen hat! Und Fische gestohlen aus dem Teich der Genossenschaft am Westsee hat er, keiner weiß, wie oft ihn die Polizei erwischt hat. Er war faul und widerspenstig. Ich erinnere mich noch, wie das Bürschchen die Lehrerin Ha beleidigt hat und dafür von seinem Bruder Ruan eine gelangt gekriegt hat, dass er dachte, er sähe seine Ahnen.«

Thanh beklopfte die Rückseite ihres Säuglings, der gerade die Brust losgelassen hatte, und sagte mit plötzlich müden Augen: »Ruan hat ihn nur zurechtgewiesen, ich habe niemals gesehen, dass er seinen kleinen Bruder geschlagen hätte!«

»Nicht geschlagen, na gut … dann soll man ihn wohl anbeten, ja?«, nörgelte Nghi mit beleidigt geschürzten Lippen. »Doch der Reis der Armee wirkt wirklich Wunder! Damals war er doch noch so … und heute ist er solch ein Riese! Ich weiß noch, am Tag der Trauerfeier für Ruan war er ein ganz kleiner Wicht, da lief er mit dem Hackmesser und grimmigem Gesicht hinaus. Fragte man ihn, wütete er los: ›Ich gehe meinen Bruder rächen, so!‹ Na, wenn das nicht furchtbar ist?«

Frau Vy ließ die Hand mit dem Messer auf ihr Hackbrett sinken und sagte mit stolzer Miene: »In der Armee war er sehr tapfer. Woher kämen sonst die Belobigungsschreiben, liebe Nachbarinnen?«

Wer braucht schon die Genetik, die Lehre von rezessiven und dominanten Erbanlagen, um die Abstammung eines Menschen bis zu den Wurzeln zu erforschen? Allein durch bloßen Augenschein und Vergleich konnte man feststellen, dass da vom Großvater über den Vater bis hin zur Generation der Söhne niemand war, der Cu, dem Jüngsten, geähnelt hätte. Weder äußerlich noch vom Charakter. Sein Vater war 1954 gestorben, er war von kleiner Gestalt gewesen, fleißig und friedfertig, hatte als Friseur gearbeitet und manchmal einen Tag lang kaum einen ganzen Satz gesprochen.

Ruan, der ältere Sohn, war von mittlerem Wuchs und wirkte wie ein Schuljunge. Er hatte kaum das Grundstudium hinter sich, als er in die Armee eingetreten war. Ruan war von friedlichem Gemüt gewesen, oft schüchtern wie ein Mädchen. Und Cu? Es gab eine ganze Sammlung von Geschichten frecher Streiche aus seiner Kindheit, die eine Zeit lang vergessen schienen und nun, bei seiner Rückkehr, plötzlich auferstanden, zusammen mit dem Auftauchen seiner groß gewachsenen, ungelenken Gestalt, dem dunklen Gesicht und den drohend blickenden, ungleichmäßigen Augen.

Nach einer Woche Erholung im Haus der Mutter ging er

mit seinen Papieren zum Arbeitsamt. Eine Woche später sah man ihn jeden Morgen mit einem Essgeschirr aus der Gasse marschieren und zur Straßenbahnhaltestelle an der Hang Bot laufen. Man hatte ihm einen Ausbildungsplatz als Elektriker in einer großen Fabrik an der Straße nach Ha Dong gegeben. Was für ein Riesenglück! Und der Anblick der alten Vy, wie sie Tag für Tag auf ihrer Hausschwelle saß und nähte, neben sich den kleinen Tu, den Sohn von Loc, der ihr ab und zu beim Einfädeln des Fadens half und ihr seine Kindergeschichten erzählte, vervollständigte das Bild vom Familienglück von Mutter und Sohn nach dem Krieg.

»Großmutter, wann wird Onkel Cu heiraten, Großmutter?«

»Ich muss erst noch das Obergeschoss bauen lassen.«

»Und wenn du das Obergeschoss fertig hast, dann darf ich wieder hier bei dir schlafen, ja, Großmutter? Ich mag nicht so gern bei Mi schlafen, sie pullert nachts immer ein und macht alles nass!«

Der kleine Tu sah bittend, voll verzweifelter Hoffnung zu Frau Vy auf. Bevor Cu heimgekehrt war, hatte Tu immer bei Frau Vy geschlafen. Schon seit mindestens drei Jahren, als er noch winzig war, war er abends zu ihr zum Schlafen herübergetappelt und hatte stets gefragt: »Großmutter, wo sind deine Ohren, lass mich dein Ohr anfassen, Großmutter!« Und nun ging er schon in die erste Klasse. Seine Mutter schätzte Frau Vy sehr, und auch sie mochte die junge Frau gut leiden. Aber seit Cu wieder da war, beschwerte der sich ständig, es sei zu eng, zu heiß, er habe nicht genügend Luft zum Atmen … und so musste Tu wieder zu Hause bei seiner Mutter Loc und dem neugeborenen Schwesterchen schlafen.

Die kleine Hütte war auch wirklich zu eng. Mutter und Sohn verfügten zusammen über ganze sechs Quadratmeter Wohnraum, die gleichzeitig als Küche, Wohn- und Schlafraum dienen mussten. Der Raum war einfach überfüllt. Und es war nicht nur dieser Raum. Das stille Bild vom Glück nach dem Krieg war kaum erstanden, da verblasste es auch schon wieder. Streit war zu hören, erst selten, dann immer häufiger. Und je häufiger diese Auseinandersetzungen waren, desto heftiger wurden sie: Es begann mit Schimpfworten, laute Drohungen und Wutausbrüche folgten. Schließlich drang der Lärm von umhergeworfenen Gegenständen immer häufiger aus der Hütte. Dieser jüngste Sohn, die Stütze der alten Mutter, auf den die ganze Lebensfreude ihrer alten Tage gerichtet war, er konnte sich wie ein Irrsinniger gebärden.

Und man musste nicht einmal besonders neugierig sein, um die Gründe für diese wechselnden Launen, für Unmut und Verdruss zu erkennen. Das allzu dürftige Leben war es, die ständigen Kleinigkeiten, die immer wieder Anlass gaben. Mahlzeiten, die nicht satt machten. Mahlzeiten ohne Fleisch, ohne Fisch. Neue Kleidung, die immer nur ein Traum blieb. Die von Termiten durchlöcherte Hütte. Ein Fahrrad, für das das Geld noch lange nicht reichen würde …

Letztendlich hängen Freud und Leid im Leben der Menschen doch oftmals an wenigen Dingen: Nahrung, Wohnung, Kleidung, Bildung, Vergnügen – und vor allem eben Nahrung und Wohnung. Freud und Leid, Wohl und Wehe liegen genau dort begründet. Wenn auch das Sprichwort sagte: »Wahrer Adel zeigt sich im Charakter«, so war man vor Ausnahmen von der Regel wohl nicht gefeit. Obwohl es nicht wenige Menschen gab, die – reich an Idealen – sich zu bescheiden wussten und den materiellen Bedingungen nicht gestatteten, ihre Menschenwürde zu beeinträchtigen. Cu war durch den grausamen Krieg gegangen, doch dieser Krieg hatte ihn nicht gehärtet, so wie Feuer und Wasser Stahl härten. Er war immer noch der gleiche Cu geblieben, anders als der Rest der Familie in seinem Wesen und seiner äußeren Gestalt.

Es kamen viele Abende, an denen Frau Vy aus ihrem Häuschen flüchtete und sich in der Gasse hinsetzte, mit einem Tuch in der Hand, mit dem sie sich die Augen trocknete.

Der kleine Tu kam aus der Schule, stellte sein Tintenfass auf die Erde, setzte sich zutraulich ganz dicht neben sie und fragte: »Warum weinst du denn?«

»Ach was, ich weine doch nicht.«

»Da, das sind aber Tränen.«

»Ach, ich habe nur an Onkel Ruan gedacht.«

So sprach sie, um dem Kleinen auszuweichen, und traf dabei doch genau den Kern ihres tiefen Herzenskummers. So ein Unglück aber auch, der gute Sohn war an die Front gegangen und nicht zurückgekehrt.

Dann, eines Tages, es war schon halbe Nacht, klopfte Frau Vy unverhofft bei Loc. »Lasst mich hier einen Moment ausruhen, ich bin ja so erschöpft«, murmelte sie.

Loc erschrak: »Oh, mein Gott! Kommen Sie herein, Großmutter! Was ist denn passiert?«

»Cu hat ein paar Freunde zum Trinken eingeladen. Im Haus ist einfach kein Platz mehr, wo ich mich hinlegen könnte. Sie wurden vom Betrieb ausgewählt, um zur Berufsausbildung ins Ausland zu gehen. Das habe ich sie zumindest miteinander reden hören.«

Loc seufzte. Der kleine Tu war aufgewacht. Er setzte sich auf und sprach mit hellwachem, klarem Stimmchen: »Oh, Großmutter, wenn Onkel Cu zum Lernen wegfährt, dann komme ich wieder rüber zu dir schlafen, ja, Großmutter?«

Würde der neue Lebensabschnitt Frau Vy Sorge oder Freude bringen? Woher sollte man die Kraft nehmen, das Ende vorauszusehen? Ihr Lebensrhythmus fand zum alten Frieden zurück. Es war gerade so, als wäre Cu nie da gewesen, oder als sei er für ewig von ihr gegangen und würde auch nie wieder heimkommen, sodass ihr Leben wieder zu seinem vorherigen Gleichmaß fand. Der kleine Tu kam wieder abends zu ihr herüber, um bei ihr zu schlafen, und natürlich auch immer, wenn er Zeit hatte, war er stets um sie herum. Nie wurde es den beiden langweilig. Die alte Frau und der kleine Junge führten zahllose Unterhaltungen wie die folgende:

»Großmutter, warum sind deine Hände so zerfurcht und dunkel?«

»Das kommt vom Ernten der Wasserwinde, der Pflanzensaft ist in die Haut eingedrungen.«

»Ich habe aber noch nie gesehen, dass du Wasserwinde geerntet hast, Großmutter.«

»Ja, das war auch vor langer Zeit, als ich noch jung war.«

»Wann war denn das, als du noch jung warst, Großmutter?«

»Das war, als Onkel Ruan und Onkel Cu noch ganz klein waren.«

»Genauso klein wie ich?«

»Genauso klein wie du. Ich musste die Erde umgraben und Wasserwinde pflanzen, und wenn das Gemüse groß genug war, habe ich es geerntet, auf den Markt gebracht und verkauft, um Reis zu kaufen für Ruan und Cu.«

Der Kleine reckte sich hoch zur Wand neben der Holzpritsche, den Kopf in den Nacken gelegt, um das Foto von Ruan sehen zu können. Die Wand war rissig und voller gelber Flecken, weil sie seit vielen Jahren nicht mehr ausgebessert und gekalkt worden war. Aber oben gab es ein Stück von der Größe einer kleinen Matte, das die Alte in Schuss gehalten hatte. Aus Illustrierten ausgeschnittene Bilder bildeten den Hintergrund, auf dem eng beieinander – genau wie auf den Türflügeln – Urkunden, Belobigungen, offizielle Glückwunschschreiben des Staates, gesellschaftlicher Organisationen sowie der Armee aufgereiht waren. Und alle diese Dokumente, die ihr zur Ehre gereichten, hatte die alte Vy, so als wüsste sie nur zu gut um deren begrenzten Wert, bescheiden um den Mittelpunkt der Sammlung angeordnet: die Goldene Gedenktafel des Vaterlandes. Der kleine Tu suchte das Foto von Ruan in der linken oberen Ecke der Goldenen Tafel: Das Bild von sechs mal neun Zentimetern zeigte einen braven jungen Burschen mit gerader Nase und schönen, aufmerksamen Augen. Die Ehrentafel mit dem Foto strahlte einen Hauch von gewichtiger Feierlichkeit aus. Es verging kaum ein Tag, an dem die alte Vy nicht das Glas über der Ehrentafel sauber wischte. Daher sah die Tafel immer neu und frisch aus – und sie war tatsächlich auch ein Tupfer Licht und Frische im Leben der Alten.

»Großmutter, was war denn Onkel Ruan?«

»Soldat war er, mein Kind.«

»Nein, das meine ich nicht, war er Leutnant oder Hauptmann?«

»Das weiß ich auch nicht.«

Der Kleine sprang auf, stützte sich auf das Kissen, reckte sich auf die Zehenspitzen und musterte noch einmal das Bild: »Drei Sterne, ein Balken. Hauptmann, Großmutter … Ja, Hauptmann. Politoffizier eines Bataillons.«

»Was du alles weißt!«

»Der Onkel trägt doch diese Rangabzeichen, und in der Urkunde steht es auch …«

»Da siehst du mal – und ich weiß es nicht.«

Die Alte lächelte. Der kleine Tu legte sich wieder hin. Nach einer Weile, sie dachte schon, er sei eingeschlafen, rappelte er sich wieder hoch: »Großmutter? Wann wird Onkel Cu heiraten?«

Die Alte dachte: Er hat Angst, Cu kommt und lässt ihn nicht hier schlafen. Sie strich ihm über den Kopf und beruhigte ihn: »Noch lange nicht, mein Kleiner.«

»Wie lang ist lange, Großmutter?«

»Der Onkel muss erst noch lernen, seine Berufsausbildung beenden, dann kommt er nach Vietnam zurück. Und ich, ich muss ja auch noch das Obergeschoss bauen lassen.«

»Großmutter?« Tu schmiegte seinen Kopf an die Brust der Alten.

»Was ist denn, Jungchen?«

»Du wirst doch nicht sterben, Großmutter?«

Bei dieser befremdlichen Frage drehte sie sich um und setzte sich aufrecht hin. Aber der Kleine zupfte an ihrem Arm und sagte: »Leg dich wieder hin, Großmutter. Meine Oma, weißt du, die Mutter von Vater, die wird nämlich bald sterben, Großmutter.«

»Wer erzählt denn so etwas?«

»Ich weiß es. Das ist so, weißt du? Die Oma hat schon einen Sarg gekauft. Und neulich hat sie ein Foto an Mutter und Vater geschickt und dazu geschrieben: Wenn ich sterbe, dann nehmt dieses Bild für den Altar, dann müsst ihr nicht erst lange nach einem Foto suchen …«

Die alte Vy stieß einen tiefen Seufzer aus, doch zum Glück nahm das Gespräch, das ihr Herzklopfen verursachte, eine andere Richtung, denn Tu rüttelte an ihrem Arm und sagte: »Weißt du, um das Obergeschoss musst du dir keine Gedanken machen. Onkel Cu, der hat doch jede Menge Geld. Er wird Leute beauftragen, die ihm das Obergeschoss in null Komma nichts hochmauern!«

Die Alte drehte sich zu dem Kleinen um: »Wer sagt denn, dass Onkel Cu viel Geld hat?«

»Na, Mutter …«

Tu antwortete undeutlich, seine Augen fielen zu, die Müdigkeit übermannte ihn endlich doch.

Und bald gab es nichts mehr, was unklar gewesen wäre. Nicht nur Loc, Tus Mutter, auch Frau Nghi und Thanh, alle in der

Gasse, selbst Leute wie der alte Herr Mon, Frau Loi, die alte Tien, für die sie Fleisch und Reis einkaufte, sie alle meinten, Frau Vy werde sehr glücklich werden. Und warum auch nicht? Zwei Söhne. Einer heldenhaft gefallen. Einer zur Ausbildung im Ausland. Der eine hatte unvergängliche Ehre ins Haus gebracht. Der andere würde für Wohlstand sorgen. Das Opfer des einen würde einen Ausgleich finden. Der jüngere Bruder erntete die Früchte, um die sich der ältere verdient gemacht hatte. Der himmlische Herrscher hatte wirklich Sinn für Gerechtigkeit.

Die alte Vy lebte regelrecht auf. Ihr Gang, die Stimme, ihr Lächeln, ja ihr ganzes Wesen schien sich verjüngt zu haben. Eines Tages, sie kam vom Markt zurück, die Einkaufstasche hüpfte beinahe an ihrem Arm, und in ihrer Stimme klang Begeisterung: »Kleiner Tu, bist du schon fertig mit den Hausaufgaben? Dann brauche ich mal deine Hilfe.«

Tu schob seine Hefte und Bücher zusammen, er war schon fertig mit seinen Aufgaben. Die alte Vy holte zwei in Papier gewickelte Erdnussbonbons aus ihrer Tasche.

»Iss etwas, und dann habe ich eine Bitte an dich.«

»Sag erst, was es ist!«

»Also, das ist so.« Sie zog ein vielfach gefaltetes Papier aus der Tasche ihrer Bluse.

»Onkel Cu hat mir einen Brief geschickt, ich habe ihn mir schon vorlesen lassen. Und jetzt schreibst du mir einen Antwortbrief.«

Tu sah zu ihr auf: »Aber ich kann überhaupt nicht schreiben. Meine Buchstaben sind so hässlich!«

»Ich diktiere dir, und du schreibst. Du kannst ja langsam schreiben. Also, du hilfst mir, ja?«

Der Kleine zog die Nase kraus, fuhr sich vor Eifer mit der Zunge über die Lippen, und schniefend, den Mund jeweils verzogen in der Form des Buchstabens, den er gerade malte, schrieb er fast eine ganze Stunde. Das Ergebnis dieser Kraftanstrengung war ein Schriftstück von wenigen Zeilen:

»An Cu, meinen lieben Sohn. Deine Mutter hat deinen Brief erhalten. Ich freue mich, dass Du gesund bist und dort im Ausland den Beruf eines Schweißers erlernen darfst. Du fragst mich, was ich brauche, ich solle es schreiben, damit Du mir etwas nach Hause schicken kannst. Darauf möchte dich dir folgendermaßen antworten: Ich habe hier von allem ausreichend, ich lebe glücklich, mir fehlt es an nichts. Alle Leute, von den Nachbarn bis hin zum Volkskomitee, Frauenverband, Altenrat – alle kümmern sich um mich, mach Dir nur keine Sorgen. Das Wichtigste ist, dass Du gesund bleibst und mit den anderen mithalten kannst, dann ist Deine Mutter froh!« Und die Alte hatte nicht schöngefärbt. Sie sprach aus vollem Herzen die Wahrheit. Es waren die glücklichsten Tage in ihrem ansonsten schweren, schmerzensreichen Dasein.

Die Zeit verging. Das Leben nahm seinen gleichmäßigen Verlauf, mit vielen Dingen, die immer wiederkehrten, sodass man manches Mal glauben konnte, es drehe sich einfach nur im Kreis. Tu kam in die zweite, dann in die dritte Klasse, und nicht mehr lange, dann würde er schon die vierte Klasse beenden. Er war immer noch viel bei der Alten. Und es ging ihm ganz genau wie ihr: Er sehnte den Tag, an dem Cu zurückkommen würde, herbei, und gleichzeitig fürchtete er ihn. Wann würde der Jüngste, der eine, der ihr noch geblieben war, nach Hause kommen? Niemand wusste etwas Genaues. Und die Alte wusste es am allerwenigsten, denn die Briefe, die von Cu kamen, wurden immer seltener. Irgendwann blieben sie ganz aus, und seit über einem Jahr war die Alte nun schon ohne jede Nachricht von ihrem Sohn.

Was immer geschah, es vollzog sich unter dem Mantel völliger Lautlosigkeit. Bis zu dem Tag, als sich Frau Nghi, die gerade Wäsche am kommunalen Wasserhahn neben dem Hof wusch, unvermittelt aufrichtete, ihren Rücken streckte und, ohne jemanden konkret anzusprechen, ausrief: »Na, der Cu ist nun auch schon über drei Jahre lang fort, was? Hieß es nicht, es seien nur anderthalb Jahre Ausbildung?«

Alle, die sich gerade auf dem Hof aufhielten, schreckten auf und riefen: Ja, richtig!

Dann wurden die Stimmen leiser, und man tuschelte miteinander. Das Wasser lief rauschend aus dem Hahn. Und das Gerede plätscherte ebenso dahin. Es war schon unerklärlich.

Niemand sagte jemals etwas Konkretes, das Hand und Fuß gehabt hätte, alles waren nur vage Vermutungen. Umso befremdlicher die Reaktion der Leute, als Loc, die gerade die kleine Mi fütterte, sich herauslehnte und rief: »Großmutter, sehen Sie nur, was für einen großen Bissen die Kleine jetzt für Sie isst!« So darauf aufmerksam gemacht, dass die alte Vy aus der Stadt zurückkam, liefen plötzlich alle auseinander. Erst als die Alte vorübergegangen war, fanden sie sich wieder zusammen und spannen den Faden weiter. Mit zusammengepressten Lippen wrang Frau Nghi ein nasses Hemd aus, ihr Gesicht war hochrot: »Na, dass die Geschichte mit den zwei Jahren nicht hinhaut, ist ja nun sonnenklar. Aber warum sieht Frau Vy in letzter Zeit so schlecht aus?«

Es war deutlich zu sehen, dass die alte Vy in den vergangenen Wochen wirklich nicht gesund aussah. Der Hauch von Frische und Jugend auf ihrem Gesicht war nur wie ein flüchtiger Schmetterling gewesen, der sich kurz niederließ, um dann für immer fortzufliegen. Geblieben war der Ausdruck von Niedergeschlagenheit und Kummer, der sich jeden Tag tiefer in ihre Züge grub. Ihr Gesicht wirkte immer verständnisloser, die Augen wurden blasser und verloren jeglichen Ausdruck. Es war, als werde sie ständig von teils realen, teils eingebildeten Ängsten geplagt.

Es war deutlich zu sehen, dass es im Gefühlsleben der alten Frau Momente gab, in denen sie in Panik geriet, in denen sie außer sich war vor Angst, was ihr sämtliche Gelassenheit des Alters raubte. Solche Momente wurden allmählich häufiger. Sie führten dazu, dass die schätzenswerte und fröhliche alte Dame mehr und mehr zu einem Schatten ihrer selbst wurde und oft ohne jeden Anlass zusammenschreckte.

Es waren die unsagbar schweren Jahre nach Kriegsende. Es mangelte an Lebensmitteln, an Waren und Gütern. Die Preise stiegen im Tempo eines geflügelten Pferdes. Der Dong schmolz praktisch noch auf der Handfläche dahin. Die Rente, die sie für ihren älteren Sohn bekam und die vorher für den Reis des ganzen Monats gereicht hatte, langte nun nicht mehr, um die alte Frau länger als eine Woche zu ernähren.

Mit dem Hunger und Mangel nahm auch die Wertschätzung, die die Menschen materiellen Gütern beimaßen, unglaubliche Ausmaße an. Egoismus und das Streben nach Extravaganz, Rücksichtslosigkeit und Unverschämtheit bleckten die Zähne und wetzten die Krallen. Mysteriöse unterirdische Erschütterungen veränderten die Gesellschaft. Es gab Gerede und Getuschel über Dinge, die früher nicht einmal auszudenken gewesen wären. Aus den verschiedensten Gründen – das Streben nach materiellem Wohlstand und die Gier nach dem Geld sicher nicht zu vergessen – kehrte der eine oder der andere dem Vaterland den Rücken, um in der Fremde sein Glück zu suchen.

Das teuflische Spiel des Schicksals schien niemanden zu verschonen. Um die immer hinfälliger werdende Gestalt der alten Vy schwirrten Tag für Tag Nachrichten, die mal deutlicher, dann wieder verschwommener klangen. Eines Tages –

Tu war gerade aus der Schule gekommen – rief die alte Vy den Kleinen zu sich: »Tu, den Wievielten haben wir eigentlich heute?«

»Heute ist der 2. August, Großmutter.«

»Dann ist also der 27. Juli schon vorbei, nicht wahr?«

Die Alte schrie es fast, so sehr war sie erschrocken. Und Tu war schon groß. Er verstand genau, was sie meinte: Vor Kurzem, am Tag der Gefallenen, dem 27. Juli, hatte niemand von der Verwaltung oder von einer Massenorganisation die alte Frau besucht, wie das sonst immer üblich gewesen war.

In dieser Nacht fand die Alte keinen Schlaf. Mitten in der Nacht wachte Tu plötzlich auf. Draußen schimmerte der Mond durchs Fenster. Tu sah den Schatten der Alten im Zimmer, sie ging hinaus, dann kam sie wieder herein. Einen Moment später begann sie, unter dem hölzernen Gestell der Pritsche herumzukramen. Tu stand auf: »Großmutter, was machst du denn da?«

»Ich suche … das hier«, erwiderte die Alte, ganz atemlos vor Aufregung. »Hast du … hast du es gesehen? Himmel! Hier ist es ja! Da ist er ja, und ich dachte schon …«

Tu sprang ängstlich von der Pritsche: »Was ist denn los, Großmutter?«

»Ich habe ihn schon gefunden. Meinen Ausweis ›Familie eines Kriegsgefallenen‹. Ich schlief, und im Traum war mir plötzlich, als hätte mir jemand den Ausweis gestohlen. Ich hatte solche Angst! Aber er ist ja hier, immer noch in der Tasche.«

Die Alte und der Junge kletterten wieder auf die Pritsche. Doch keiner von beiden konnte schlafen. Tu spürte, dass die Hände der Alten eiskalt waren. Der Kleine hielt ihre Hände und wollte ihr sagen: »Ach Oma, schlaf doch, Oma, du musst doch keine Angst haben.«

Aber die Alte richtete sich wieder auf: »Tu, ich will dich etwas fragen …«

»Was denn, Großmutter?« Auch Tu setzte sich auf.

Die Alte schluckte schwer an ihrem Speichel und fragte: »Du hast doch neulich erzählt, dass deine Großmutter schon ihren Sarg vorbereitet hat und ein schönes Foto für den Ahnenaltar an deine Eltern gesandt hat, stimmts?«

Diesmal begriff Tu nicht im Geringsten, was die Alte meinte. Er erwiderte: »Ja, warum fragst du?«

»Ach, einfach nur so.«

Seit diesem Moment beobachtete Tu die Alte aufmerksam. Seit dieser Nacht achtete er auf jede Veränderung in ihrem Verhalten. Ihm fiel auf, dass sie von Tag zu Tag abgehärmter wirkte. Ihr asthmatischer Husten und das seit Langem in ihrem Körper schlummernde Rheuma verschlimmerten sich zusehends, sodass sie schließlich viele Tage wie gelähmt auf ihrer Pritsche liegend verbrachte. Für den Rat von Frau Chi, sie müsse ins Krankenhaus, hatte die Alte nur ein unwilliges »Jaja …« übrig. Sie ging nicht einmal zum Arzt. Dafür war sie oft draußen auf der Straße zugange. Genauso oft hastete sie zurück nach Hause. Kam sie dort an, richtete sie ihre stumpf gewordenen Augen erwartungsvoll auf den kleinen Tu: War vielleicht ein Vertreter des Volkskomitees oder einer Massenorganisation da gewesen? Hatte sie vielleicht einen Brief, eine Glückwunschkarte erhalten? Jedes Jahr kamen doch um diese Zeit stets Gratulationsschreiben angeflattert und reihenweise Behördenbesucher ins Haus, nicht wahr?

Aber Weihnachten ging vorüber, Tet kam, und ihr Häuschen blieb einsam und still – niemand kam zu Besuch. Der Kreislauf der üblichen Fest- und Feiertage vollzog sich wie immer. Der Internationale Tag der Arbeit kam, und auch der Tag der Kriegsversehrten war schon wieder vorüber.

Dieses Mal wurde die alte Vy von wirklicher Furcht ergriffen.

Tu war wieder ein Jahr älter, er war verständiger geworden und versuchte, die Alte zu beruhigen: »Manchmal vergessen sie auch was, Großmutter. Ich habe schon von solchen Fällen gehört, zum Beispiel …«

Die Alte ließ den Kleinen nicht ausreden, sie sank auf ihre Pritsche und schluchzte auf: »Nein, sie haben nicht den Feiertag vergessen, mein Junge. Sie haben mich vergessen!«

Tu bekam es mit der Angst, er wusste nicht, was er erwidern sollte, als die Alte auch schon jammerte: »Du weißt gar nichts, mein Kleiner. Draußen in der Teestube haben sie gesagt: Warum ist er nicht an der Front gefallen, damit wäre seiner Mutter mehr gedient! Sie haben von Cu gesprochen, von meinem Sohn. Ach, ich kann es gar nicht aussprechen, es tut so weh. Er ist von seiner Arbeit weggelaufen, ist in ein kapitalistisches Land geflohen, er hat Schuld auf sich geladen. Doch ›für die Fehler der Kinder stehen die Eltern gerade‹, ich werde seine Strafe auf mich nehmen, ich werde mich nicht beklagen, ich schäme mich nur so, mein Kleiner …«

Nach dieser Wehklage verlor sie das Bewusstsein, sie wurde einfach ohnmächtig, genau wie auf der Trauerfeier für den älteren Sohn. Und genau wie damals brachten Loc und Nghi die Alte in die Rettungsstelle des Krankenhauses. Doch anders als beim letzten Mal sahen die Kinder in der Gasse die alte Vy schon am folgenden Morgen zurückkehren. Man erzählte sich, sie habe nach dem Erwachen in der Klinik gerufen: Ich sterbe ja gar nicht! Dann habe sie ihre sofortige Entlassung verlangt. Sie hatte Angst vor dem Sterben!

Ja, die alte Dame fürchtete sich vor dem Tod. Sie lebt immer noch, inzwischen ist sie über achtzig. Sie lebt – wie ein lebender Beweis für das ewige Gesetz, dass menschliches Leben stets auch Leiden ist. Sie lebt noch, doch wenn sie auf die Straße geht, ist ihr Kopf gesenkt; niemandem wagt sie ins Gesicht zu sehen. Sie lebt, aber ihr Rücken krümmt sich jeden Tag ein Stück tiefer zur Erde, wie bei einem Lastpferd, das nach alter, grausamer Sitte zu schwer beladen wurde. Sie lebt noch, doch zu den chronischen Leiden, die sie seit ihrer Jugend geplagt haben, kommt ein Verfall des Nervensystems, der sich unter anderem darin zeigt, dass sie ständig irgendwelche Zahlen vor sich hinbrabbelt. Tu ist der Einzige, der versteht, was sie da brabbelt. Er sagt: »Großmutter rechnet nach, ob ihr Geld schon reicht, um einen Sarg zu kaufen.«

Onkel Ho in der Vitrine

Heinz Kotte, Rüdiger Siebert

Wir müssen Kameras und Taschen abgeben und setzen ein ernstes Gesicht auf. Dann der Gänsemarsch in langer Touristenreihe, von strammen Soldaten in braunen Uniformen geführt. Radfahrer strampeln uns auf dem weiten, windigen Ba-Dinh-Platz entgegen. Die weißen, duftigen Hosenanzüge der Schulmädchen, die Ao Dais, flattern reizvoll und jugendlich heiter über den Platz, auf dem am 2. September 1945 jener Mann die Unabhängigkeit Vietnams proklamiert hatte, dessen vor dem Dahinschwinden bewahrten Überreste wir nun besuchen. Achttausend Dong Eintritt, etwas mehr als eine Mark.

In grausteinerner Masse, irdisch schwer und wie die Altlast einer versunkenen Epoche ragt das Monument auf. Über dem bunkerähnlichen Fundament fensterlos abweisendes Quadergemäuer; je sechs Säulen an vier Seiten tragen das Dach des rechteckigen Riesenblocks mit dem Namen in Großbuchstaben: HO CHI MINH. Misstrauisch mustern uns die eskortierenden Soldaten, ob unsere Kleidung und die sorgfältig auf Trauer und Bewunderung zurechtgelegte Miene auch dem historischen Gewicht des Ortes entsprechen und wir nicht etwa doch einen Apparat einschmuggelten, der den Gegenstand höchster Verehrung über den Augenschein hinaus in Bild oder Ton aufnehmen könnte. Gemessenen Schrittes rücken wir auf dem roten Plastikläufer vor und schließlich ein in den bombastischen, bombensicheren Koloss.

Zitat aus dem offiziellen Prospekt auf Hochglanzpapier: »Das Mausoleum des Präsidenten Ho Chi Minh ist ein architektonisches Werk von großer politischer und ideologischer Bedeutung, das die tief empfundenen Gefühle des gesamten vietnamesischen Volkes gegenüber dem verstorbenen Präsidenten ausdrückt, der liebevoll Onkel Ho genannt wird.«

Nach zweijähriger Bauzeit war der Tempel sozialistischer Götterdämmerung am 29. August 1975 eingeweiht worden. An der Wand der Vorhalle prangt mit goldenen Lettern der meistzitierte Spruch des Staatsgründers: »Es gibt nichts, was schöner und herrlicher ist als Unabhängigkeit und Freiheit.« Jahrelang hatte sich der spöttische, an Entbehrungen gewöhnte Volksmund übrigens mit der Kurzfassung des Zitates begnügt: »Es gibt nichts.« Und nun wird im Zeichen der Marktwirtschaft von ebendiesem Volksmund wortspielerisch das vietnamesische »Doc Lap« für Unabhängigkeit durch den neuen Wertbegriff »Dollar« ersetzt. Okay. Solche Gedanken sind an diesem Ort eigentlich gar nicht erlaubt. Merkt hoffentlich niemand. Schmale, lange Gänge von bedrückender Kahlheit. Treppen. Dann die riesige Innenhalle der Offenbarung.

Eine eisige Atmosphäre der Sterilität. Die Dimensionen des Raumes sind ganz darauf ausgerichtet, den Besucher in seiner bedeutungslosen Nichtigkeit erscheinen zu lassen. Wer bist du, der du der Gnade teilhaftig wirst, in dieses Heiligtum treten zu dürfen, dem Großen, Einmaligen deine Reverenz zu erweisen, du Staubkorn der Geschichte. Man duckt sich. Mag sein, dass schon von altägyptischen Tempeln eine ähnliche, von den Erbauern beabsichtigte Wirkung ausstrahlte auf das gemeine, verschüchterte Volk, das doch gar nicht gemein ist und nur von seinen Oberen gemein gemacht wird. Hehre Gefühle sind angesagt.

Blick zur Linken in das Viereck der Vertiefung. Da steht der gläserne Sarg, von innen beleuchtet, von vier Soldaten bewacht, die genauso erstarrt sind und leblos wirken wie der liegende alte Mann hinter den Scheiben. Die Hände auf der Brust verschränkt, das dünne, lange, spinnwebenfädige Bärtchen ausgebreitet, Altersflecken auf der Stirn, die Augen geschlossen, das schüttere Haar nach hinten gekämmt. Ein Greis in seiner Zerbrechlichkeit: schlafend, wächsern, entrückt und doch präsent.

Wir schreiten im Viereck herum. Der Gedanke an Madame Tussaud drängt sich auf. Wir schauen von oben hinein in den Glaskasten des verordneten Kults.

Da wird ein Mann der Weltgeschichte im Tode um seine Ruhe gebracht, ausgesetzt den neugierigen Blicken endloser Gaffer: betrogen um seinen Letzten Willen. Genau diese Zurschaustellung hat Ho Chi Minh ausdrücklich zu vermeiden gebeten. Die alten Herren des Politbüros entschieden anders – und sie manipulierten bereits das Datum des Todes. Ho Chi Minh, der einst so Mächtige, hatte kein individuelles Recht auf Pietät.

Am 2. September 1969 um 9.47 Uhr war er gestorben, just am Nationalfeiertag der Unabhängigkeitserklärung. Sein Hinscheiden durfte das symbolträchtige Datum nicht überschatten, so beschlossen damals die Politbüro-Götter, die über Leben und Tod wachten. Demnach wurde dem Volk und der Welt offiziell mitgeteilt, der erste Mann Vietnams sei am 3. September 1969 gestorben – um 9.47 Uhr. Erst zwei Jahrzehnte später, nachdem eben doch aus dem inneren Kreis der Macht die Fälschung durchgesickert war, bestätigte der VI. Parteitag das wirkliche Todesdatum.

Dass wir in langer Besucherschlange durch ein Mausoleum geführt werden – ein Gebäudeklotz, von dem es heißt, er sei viermal größer als das Mausoleum Lenins –, ist nicht im Sinne

Ho Chi Minhs. Als er noch im klaren Besitz seiner Sinne war, schrieb er in seinem Testament:

»Wenn ich einst nicht mehr am Leben sein werde, soll eine große Beerdigung vermieden werden, damit das Geld des Volkes und seine Zeit nicht verschwendet werden. Ich möchte, dass meine sterblichen Überreste eingeäschert, das heißt verbrannt werden. Ich hoffe, dass die Feuerbestattung allgemeine Praxis wird. Es ist nicht nur unter hygienischem Gesichtspunkt von Vorteil, es erhält auch landwirtschaftlich nutzbares Land. Wenn wir eines Tages eine ausreichende Stromversorgung haben, wird die ›elektrische Einäscherung‹ sogar noch besser sein. Meine Asche soll in drei Teile aufgeteilt werden, die in drei Keramikbehältern aufbewahrt werden sollen: Einer ist für den Norden des Landes bestimmt, einer für das Zentrum und einer für den Süden. In jedem Landesteil soll der Behälter auf einem Hügel bestattet werden. Auf dem Grab soll keinerlei Steinstele oder Bronzestatue errichtet werden. Stattdessen soll dort ein einfaches, geräumiges, solide gebautes und kühles Haus stehen, wo Besucher ausruhen können. Es sollte ein Plan gemacht werden, nach dem auf den Hügeln und ringsherum Bäume gepflanzt werden. Auch Besucher können Gedenkbäume pflanzen. Im Laufe der Zeit werden aus diesen Bäumen Wälder, die der Landschaft und der Landwirtschaft zugutekommen. Ältere Leute aus der jeweiligen Region sollen mit der Pflege der Bäume beauftragt werden.«

Der Letzte Wille blieb unerfüllt. Das Regime, das den politischen Nutzen des Personenkults von Moskau und Peking gelernt hatte und mit Bürokratie und feudalistischer Praktik der Machtdurchsetzung der Tradition der alten Mandarine folgte, stellte die den Staatsapparat stabilisierende Todesmystifikation über den Respekt vor dem ausdrücklichen und in seinen revidierten und ergänzten Testamentspapieren mehrfach unzweideutig formulierten Wunsch Ho Chi Minhs. Die offizielle Rechtfertigung:

»Der Grund, warum Onkel Hos Wunsch, seine sterblichen Überreste zu verbrennen, bis jetzt noch nicht bekannt gemacht wurde, ist, dass das Politbüro des 3. Zentralkomitees der Partei es in Anbetracht der Gefühle und Wünsche des Volkes für notwendig befunden hat, Onkel Hos Körper zu erhalten, sodass in Zukunft die Bevölkerung des ganzen Landes, insbesondere unsere Landsleute aus dem Süden, aber auch unsere ausländischen Freunde kommen können, um ihn zu verehren und ihre tiefen Gefühle für ihn auszudrücken. Das war der Grund, warum wir baten, anders zu verfahren als von ihm selbst bestimmt.«

Auch eine andere Passage seines Testaments wurde von den Nachfolgern im obersten Machtapparat ignoriert: Nach seinem Tode sollte den Bauern Vietnams für ein Jahr die Steuerlast erlassen werden:

»Wenn einst der vollständige Sieg errungen sein wird, sollen nach meinem Vorschlag alle Landwirtschaftsgenossenschaften für ein Jahr von der Landwirtschaftssteuer befreit werden, um die Menschen zu erfreuen und glücklich zu machen und um ihre Begeisterung anzufachen, sich um eine Steigerung der Produktion zu bemühen.«

Bei der Veröffentlichung des Testaments waren einst auch diese Zeilen unterschlagen worden. Später wurde als entschuldigende Begründung die angespannte Wirtschaftslage des Landes genannt. Bui Tin, Offizier und Publizist, hat als gut informierter Insider in jenen Jahren die Machenschaften beobachten können. In seinem Buch *Following Ho Chi Minh, Memoirs of a North Vietnamese Colonel* (London 1995) beschreibt der Abtrünnige im Pariser Exil den manipulatorischen Umgang mit Ho Chi Minhs Testament als Topsecret-Instrument in den Händen von Politbüro-Mitgliedern: »Das alles kam zwanzig Jahre danach ans Licht, als sich Hos Sekretär Vu Ky entschloss, diese Dinge geradeheraus zu veröffentlichen und zum Wohle der Bauern die Partei zu korrigieren.«

Wer Politik macht, Machtpolitik zumal, mit dem wird eben auch Politik gemacht. Ho Chi Minh ist noch posthum ein Opfer, das selbst einmal Täter gewesen ist.

Wir wallfahren bedächtig im Karree um den Schrein herum. Da ist der Übervater der Nation aufgebahrt; einer, der offiziell erst starb, als es die Parteigrößen für richtig hielten, und der nun jeden Tag aufs Neue die allen Kulten, Religionen und Ideologien eigene Vorstellung zu geben hat, über den Tod hinaus gegenwärtig zu sein. Da Volksfrömmigkeit mit an drei verschiedenen Orten verteilter Asche offenbar nichts anfangen kann, wird Körperlichkeit konserviert. Nehmet hin meinen Leib. Die Partei hat nicht nur immer recht, sie stellt auch den Tod in ihre Dienste, aus den Praktiken der alten Ägypter ebenso lernend wie von der katholischen Kirche. Heiliger Ho, bitte für uns. Zumindest bei Marx und Lenin müsste er Gehör finden, denn die beiden und andere Revolutionäre hoffte Onkel Ho im Jenseits zu treffen – so die Formulierung in seinem Testament. Heilbringer unter sich.

Ein paar Ecken vom Mausoleum entfernt steht in einem romantischen Park, der einst zum französischen Machtzentrum kolonialer Zeiten gehörte, mit kleinem, ruhigen See, Palmen und rot blühenden Kambodschabäumen das hölzerne Wohnhaus, in das sich der Präsident immer wieder zurückgezogen hat von der Politbühne und den späten Schlachtfeldern seines Lebens. Grün gestrichen die Bretter, zwei Zimmer auf Stelzen: der Schlafraum, das Büro. Stilisierte Einfachheit, Bescheidenheit. Von 1958 an bis zu seinem Tode lebte und arbeitete er hier in einer rustikalen Mischung von Bauernhaus und Mönchsklause. Die Nachttischlampe, der Wecker, das Bücherbord: Die simple Hinterlassenschaft hat menschliche Dimensionen, wenngleich der aufmerksame Gast vergeblich nach sanitären Einrichtungen sucht. Zu profan? Zu menschlich? Auch das Holzhaus des Bauern Ho nur eine museale Inszenierung? Ein Bühnenbild?

Das sozialistische Theater um Ho Chi Minh hat im Museum ein paar Schritte weiter andere bemerkenswerte Schauplätze. Zu seinem hundertsten Geburtstag am 19. Mai 1990 wurde der weiße Prachtbau eröffnet – eine jener Ho-Immobilien, die ob ihres Materialaufwandes den Zorn solcher Männer wie Prof. Le Thanh Khoi auslösten. Übrigens ist auch das Geburtsdatum umstritten. Aber an dieser Biografie, die im Museum greifbar, sichtbar ausgebreitet wird, bleibt vieles noch zu interpretierender Gegenstand für Historiker und sonstige Nachfahren. Wie sollte das anders sein bei einem Mann, der eigentlich Nguyen Tat Than hieß, Sohn einer annamitischen Beamtenfamilie war, in bescheidenen Verhältnissen aufwuchs, in Hue das Gymnasium besuchte und 1911 Vietnam verließ, auf dass er in den folgenden drei Jahrzehnten unter schätzungsweise fünfzig verschiedenen Decknamen rund um die Welt im Dienste der kommunistischen Internationale für die Revolution und die nationale Wiedergeburt Vietnams kämpfte, auf diplomatischem Parkett ebenso wie im Dschungel des Partisanenkrieges und aus dem Gefängnis heraus, in das er in Hongkong gesteckt worden war. Ein Revolutionär von Berufs wegen; eine Profession, die allmählich ausstirbt.

Über dem schneeweißen Museumsportal leuchten Stern, Hammer, Sichel und die Banner des Fortschritts. Die gigantische Plattenbau-Architektur türmt sozialistischen Realismus in massiger Protzigkeit auf. In der Aufgangshalle begrüßt Onkel Ho überlebensgroß in Goldbronze auf weinrotem Marmorsockel seine Gäste, die Rechte lässig erhoben, ein jovialer Hausherr mit scharfkantigen Bügelfalten. Dahinter geht wie ein Heiligenschein die Sonne auf oder unter – wer weiß das schon? Wieder diese bemühte, verkrampfte Feierlichkeit, deren glänzender Marmorboden ein Heer von Putzfrauen erfordert. In den eigentlichen Schauräumen, die Hos Lebenslauf und den wechselnden Zeitumständen gewidmet sind, wirds origineller. Eine sehenswerte Kombination aus Heimatmuseum, historischer Dokumentation, Geschichtsklitterung und moderner Kunstgalerie. Hos verschlungener und verschlagener Lebensweg aus dem ländlichen Zentralvietnam in die große, weite Welt des epochalen Umbruchs wird eindrucksvoll präsentiert.

Der Besucher geht durch eine Landschaft der Torsi, Trümmer und Träume, aus denen Ho und seine Mitstreiter das neue Vietnam zu formen versuchten. Kriegsszenen werden zu plastischer Kunst aufgemöbelt. Ein riesiger Tisch, zwei gigantische Stühle in Schieflage, Bananen, Äpfel, Ananas für eine Super-Schaufensterdekoration in Gullivers Land als Symbole des – noch immer ausbleibenden – Wohlstandes für alle. So etwas könnte seinen Ausstellungsplatz auch auf der Dokumenta in Kassel haben. Die Museumsgestalter und Innenarchitekten durften freizügige Einfälle in Objekte umsetzen.

Neben der rudimentären Dorfhütte der hoschen Herkunft mit Lotosblüten tut sich ein Spiegelkabinett der Jahrhundertwende auf. In Glas gebannte Motive der geistig-künstlerischen Herausforderung Europas zeigen andeutungsweise, was den jungen Nguyen Tat Than, lange bevor er Ho Chi Minh wurde, in die Alte Welt gelockt hat: verwirrende Durch- und Einsichten mit Einstein, Chaplin, dem Ehepaar Curie, Picasso, Lenin; eine Nähmaschine der Marke »Deutschland«, die französische Verlockung von *liberté, fraternité, égalité.*

Da ist etwas zu spüren vom intellektuellen Aufbruch des jungen Mannes, der sich bei seinen weiteren Studien in Französisch, Englisch, Deutsch und Mandarin den Geist des Ostens und des Westens erschloss, der als Küchenjunge auf einem französischen Schiff, als Gärtner, Kellner, Fotoretuscheur, als Heizer und Redner, Pamphletist und Organisator die Lektionen seines Lebens erlernte. Mit knapp dreißig Jahren wollte er bei der Friedenskonferenz von Versailles 1919 dem amerikanischen Präsidenten Woodrow Wilson seinen Unabhängigkeitsplan für Vietnam vorlegen. Ein Nationalist, aus dem ein Revolutionär wurde.

Ein Visionär, der erst als Einundfünfzigjähriger in seine Heimat zurückkehrte und sich als Erleuchteter, als Aufklärer – so die Bedeutung von Ho Chi Minh – an die Spitze des Kampfes für das nationalselbstständige Vietnam setzt, bald unangefochten und charismatisch agierend, in Moskau ebenso wie in Peking geschult. Doch in der Erklärung zur Unabhängigkeit an jenem 2. September 1945 bezieht er sich auf ganz andere Quellen als die von Marx und Lenin. Ausdrücklich werden da die Werte der Französischen Revolution und der amerikanischen Menschenrechtsdeklaration beschworen:

»Wir sind der Ansicht, dass alle Menschen gleich geschaffen sind; dass sie von Geburt einige unverbrüchliche Rechte mitbringen, darunter das Recht auf Leben, Freiheit und Glück. Diese unsterblichen Worte stehen in der Unabhängigkeitserklärung der Vereinigten Staaten von Amerika, die im Jahre 1776 ausgerufen wurde. In weiterem Sinne bedeuten sie: Alle Völker der Erde sind gleich; jedes Volk hat das Recht auf Leben und Glück und Freiheit. Die Erklärung der Menschen- und Bürgerrechte, die von der Französischen Revolution im Jahre 1789 verkündet wurde, besagt ebenfalls: Die Menschen werden frei und gleichberechtigt geboren und bleiben es. Das sind unumstößliche Tatsachen.«

Die Franzosen, damals noch Herren im Lande, und die Amerikaner, die so gerne Herren geworden wären, wollten solche Worte aus dem Munde eines Ho Chi Minh weder hören noch akzeptieren. Aber wer nicht hören wollte, sollte fühlen ...

Nur: Was ist aus solchen Idealen schließlich geworden, nachdem die fremden Machthaber vertrieben worden sind? Der Überwachungsstaat totaler Bevormundung, der sich die Schnüffelspezialisten der Stasi zum Aufbau seines Geheimdienstes ins Land holte – beispielsweise. Da spürt der Museumsbesucher den politisch-humanitären Visionen eines Ho Chi Minh nach und muss daran denken, was in den Vitrinen, Dokumenten, Schautafeln ausgespart bleibt: die Realität der jahrzehntelangen Verfolgung der Andersdenkenden, der Denkenden schlechthin; die Ausrottung jener individuellen Bedürfnisse nach Selbstständigkeit und Eigenverantwortung – jener Eigenschaften, die im heutigen Vietnam der Marktwirtschaft so gefragt und geschätzt sind.

Die letzten Fotos der historischen Bildersammlung zeigen die Aufnahme Vietnams in den Verband der ASEAN, vollzogen in Brunei am 28. Juli 1995, und die Aufnahme diplomatischer Beziehungen mit den USA im August 1995, als sich die Außenminister Warren Christopher und Nguyen Manh Cam die Hände schüttelten. Irgendwie wirkt das wie ein Schlusspunkt im großen Theater Vietnams, eher beiläufig und unauffällig. Ein Vierteljahrhundert nach dem Tode Ho Chi Minhs.

Ach, noch ein Foto ist uns aufgefallen, ein altes Motiv in Schwarz und Weiß. Es zeigt Onkel Ho, wie er im Januar 1960 ein privates Geschäft in Hanoi besucht. Die Aufnahme ist erst in jüngster Zeit den Lebensbildern des einstigen Präsidenten beigefügt worden. Erst neuerdings wird sie opportun. So wird scheinbare Kontinuität illustriert. Seht her, schon damals ermutigte Onkel Ho private Unternehmer. Hos Geist als Motor der neuen Wirtschaftspolitik *Doi Moi*. Rührend, wie da im alten sozialistischen Stil geschichtlicher Anpassung und jeweiliger Nützlichkeit das Neue als völlig selbstverständlich und in scheinbarer Abfolge ungebrochener Entwicklung gepriesen wird. Ganz so, als sei nicht zuvor das Private verboten und verfolgt, als sei nicht Unternehmerinitiative radikal behindert worden. Da lächelt nun der Ho von vorgestern im kapitalistischen Laden und erscheint posthum als Verkünder der freien Marktwirtschaft. Lange, lange nach seinem Hinscheiden, dem am 2. und dem am 3. September 1969.

Wer hat damals auf den Straßen lauthals Ho-Ho-Ho-Chi-Minh gerufen – so weit weg von Vietnam? Sind wir das gewesen?

Szenen aus einer kleinen Gasse

Le Minh Khue

Früher wagten es ehrbare Leute kaum, diese finstere, stinkende Gasse bei Nacht zu betreten. Damals gab es dort noch keinen Strom. Der Ort diente eigentlich als städtische Müllkippe, aber auf den Schutthaufen wuchsen die von illegal Zugezogenen aus Bambusstangen und Säcken zusammengezimmerten Hütten zu einer abstoßenden Siedlung. Seit zwei oder drei Jahren scheint diese Gasse plötzlich aus einem dumpfen Schlaf zu erwachen. Leben ist in sie gekommen, Hoffnung, und die Häuser sind von üppigem Pflanzenwuchs umgeben. Auch die Gesichter der Menschen haben sich verändert. Es sind jetzt Gesichter von anderen, neuen Menschen.

In den Tiefen der Gasse liegt das zweistöckige Haus, in dem Quyt wohnt. Sein Vater war vor Jahren wegen Mordes zum Tode verurteilt worden. Seine Mutter blieb allein, um ihr Kind großzuziehen, und sammelte Müll. Durch Bestechung erreichte sie, dass ihr Sohn als Gastarbeiter in das legendäre Deutschland gehen konnte. Fünf Jahre später kam er zurück und baute da, wo ihre elende Hütte gestanden hatte, eine zweistöckige Villa. Die Magie der westlichen Währung war mächtiger als die von Feen. Wünschte man sich ein mehrstöckiges Haus, nahm es augenblicklich Gestalt an. Begehrte man einen Schäferhund als Türwächter oder eine Zierpflanze, waren sie im Handumdrehen da. Sogar eine traumhaft schöne Ehefrau, eine echte Intellektuelle, die fließend Englisch sprach, konnte man sich leisten. Tag für Tag spazierten Quyt und seine Frau umher wie Prinz und Prinzessin. Sie hatten einen Sohn, der zwar die Züge und Eigenschaften seines Vaters geerbt hatte: die aufgeworfenen Lippen, die Schlitzaugen, die platte Nase und die krummen Glieder. Aber er trug immer die modischsten Klamotten und duftete stets nach ausländischem Parfüm … und bot so einen einigermaßen erträglichen Anblick.

Das Ehepaar und ihr Sohn schliefen im Erdgeschoss. Der erste Stock war sehr geräumig, und sie vermieteten ihn an einen Westler, der dick und behäbig wie eine Dampfwalze war. Der Westler arbeitete im Stadtzentrum bei einer ausländischen Firma. Er fuhr sein eigenes Auto, und jeden Morgen hörte man ihn bei seiner Gymnastik in der Gasse schwer keuchen, wobei er den Blicken einen Körper darbot, der so behaart war wie der eines Gibbons. Des Nachts kam er, nach Schnaps stinkend, spät heim, und immer hatte er ein leichtes Mädchen im Schlepptau und nahm es mit hinauf in seine Wohnung. Man erzählte sich, Quyt und seine Frau bekämen einen Mietaufschlag für ihr Schweigen. Wer hat, dem wird gegeben, wie man so sagt.

Bevor Quyt als Gastarbeiter ins Ausland gegangen war, hatten sie in seiner Familie immer lautstark gezankt und gestritten. Jetzt hörte man nur sanfte Reden. Ihr Sohn, so klagten Quyt und seine Frau den Nachbarn, wolle einfach nichts essen, obwohl der Kühlschrank bis oben hin gefüllt sei mit Delikatessen: mit teurer Wurst, frischer Milch, importierten Birnen und Äpfeln. Quyts Frau kleidete sich mit fürstlicher Eleganz, sie arbeitete für eine ausländische Firma, und manchmal lachte sie mit halb geschlossenen Lidern und sagte zu dem Westler, der sich in ihrem Hause eingemietet hatte, auf Englisch »Well! Well!«

Dieser Mann war ein chronischer Säufer. Immer wenn er nachts nach Hause kam, gab er beim Einbiegen in die Gasse Gas, sodass der Motor aufheulte, und raste los, ohne jede Rücksicht auf die Fußgänger. Die Leute fürchteten sich, nach zehn Uhr abends wagte sich keiner mehr auf die Straße. Die Alten hielten sich sogar, sobald sie das Geräusch seines Wagens nur von ferne hörten, die Ohren zu und krochen unter ihre Bettdecken. Auch wenn das Auto einmal nicht diesen Lärm machte, weil er nur leicht betrunken war – dass stets eine Frau in seinem Auto saß, wussten die Leute sehr wohl. Sie kannten seine Gewohnheiten. Immer kurz vor Monatsende befand er sich im tiefsten Rausch. Das waren die Tage, an denen ihm das Geld ausging und er sich nur noch billigen Fusel leisten konnte. In seiner Wohnung angekommen, trat er dann auf den Balkon und grölte aus voller Brust. Wenn sie ihn nur von Weitem hörten, schmiegten sich die Kinder enger an ihre Mütter, sprangen die Hunde heulend und bellend gegen den Zaun. Die ganze Nachbarschaft war dann in Aufruhr.

Ganz in der Nähe von Quyts Haus lag die Wohnung eines Herrn, der gerade in eine hohe Position in einer der bedeutenderen Firmen der Stadt befördert worden war. Sein Rufname war To. In seiner Kindheit hatten er und seine Mutter in der Gegend Müll gesammelt. Durch harte Arbeit gelang es seiner Mutter, To auf die Hochschule zu schicken. Im April 1975 wurde er Soldat, als der Krieg schon zu Ende war. Er wurde nach Mittelvietnam in eine Stadt zur Militärverwaltung versetzt und war dort zuständig für die Zerschlagung des großen Privateigentums. Als er dann in den Norden zurückkehrte, wirkte er wie einer, der so viel Geld gemacht hatte, dass er ausgesorgt hatte. Das Unternehmen, in dem er arbeitete, fand ihn sehr gewissenhaft, sodass man ihn in die oberste Leitung berief. Als er seine Karriere gesichert hatte, legte er seinen bäuerlichen Namen zugunsten eines vornehmeren ab und nannte sich Toan. Aber obwohl er eine hohe Position bekleidete und es zu beachtlichem Wohlstand gebracht hatte, war er ein ungebildeter Tölpel geblieben. Er hatte eine Sekretärin, die Miniröcke trug, und immer wenn die beiden zusammen im Auto fuhren, stieg er zuerst aus und hielt ihr den Wagenschlag auf. Seinen Kunden bot er Whisky an. Nach der Arbeit befahl er seinem Chauffeur, geradewegs in den Klub zu fahren. Er war ganz verrückt auf Massagen und liebte es, die zarten Schenkel der Mädchen zu betatschen, die in der dämmrig-verträumten Klubatmosphäre auf seinem Schoß saßen. Viele seiner Kollegen hatten dieselbe Vorliebe. Auf jedem Bein ein Mädchen, legten die Männer die Arme um ihre Taillen, sperrten den Mund auf und ließen sich wie ein Baby füttern. So absonderlich es scheinen mag, genau das ist es, was die Männer in unserem Land lieben.

Einige Monate, so hörte man, hielt To sich auch eine Mätresse, so wie es andere emporgekommene Bauern taten. Er kaufte ihr ein Haus, und wann immer er sich amüsieren wollte, ging er dorthin. Um den Ruf ihres Ehemanns zu wahren, vermied seine Frau jeden Streit in der Öffentlichkeit, aber im Geheimen zeigte sie die Zähne und lehnte sich auf. Eines Tages hatte er auf der Stirn eine Beule so groß wie eine Guave. Er versuchte, das mit den glatten Stufen im Treppenhaus zu erklären …

Dann war da noch die traurige Geschichte mit seinem Vater: Der über Neunzigjährige war zwar taub und schlecht zu Fuß, ansonsten aber noch ziemlich kräftig. Sobald jemand die Lippen bewegte, war seine Aufmerksamkeit geweckt. Er beobachtete alles, wie ein Baby, das sich noch nicht selber fortbewegen kann. Vielleicht vermied To aus Rücksicht auf ihn den offenen Streit mit seiner Frau. Denn sie, die Schwiegertochter, wusch dem alten Mann immer noch bereitwillig Hände und Füße, blies den Reis für ihn kühl und kochte ihm seine Suppe. Der Alte hätte lang warten können, bis sein Sohn das gemacht hätte! Der war immer in einer Besprechung und nach der Arbeit bei der Massage, beim Bier und den Frauen. »Seine Vorfahren zeugten ihn in einem finsteren Winkel, das ganze Jahr standen sie mit ihren Beinen tief im Wasser der Felder. Jetzt, wo er Geld hat, kann er den Hals nicht voll genug kriegen und imitiert andere Leute wie ein Affe …«, fluchte seine Frau lautstark, und der taube Alte spitzte die Ohren wie ein Esel. Manchmal schaute der Emporkömmling von einem Sohn angewidert auf ihn und dachte: »Wann willst du denn endlich sterben?«

Eines Abends hatte der Westler, der in Quyts Haus wohnte, besonders viel getrunken. Er steuerte sein Auto früher als gewöhnlich nach Hause. Als der Wagen in die Gasse einbog, krachte es, und er stieg in panischem Schrecken auf die Bremse. Auf einen Schlag war er nüchtern. Die Anwohner rannten herbei, augenblicklich war da eine dichte Menschenmenge. Ein Mädchen? Ist sie schon tot? Hebt sie auf! Was für ein schreckliches Unglück …

Das Auto war über ihren Kopf gefahren, ihr Genick war gebrochen, zur Seite verdreht, und ihr Blut strömte auf die Straße. Es war Ti Cam, die Tochter von Frau Tit. Mutter und Tochter waren hierhergezogen, niemand wusste, von woher. Abends sah man sie unter dem Cay-Sau-Baum am Eingang zur Gasse Feuer machen und ihr Essen kochen. Tagsüber saß Ti Cam, die nicht nur stumm, sondern auch halb verrückt war, müßig herum und wartete auf ihre Mutter. Frau Tit sammelte Müll, spülte die Plastikteile, die sie darin fand, und legte sie zum Trocknen an den Straßenrand. Sie sammelte auch leere Dosen und kaufte Altmetall auf … Kurz, sie tat alles, um ihre Tochter großzuziehen. Obwohl sie stumm und geistesgestört war, hatte Ti Cam doch eines Tages irgendwie den Weg zum Bahnhof gefunden, wo eine Bande von Kerlen sie in eine dunkle Ecke zog; sie hielt still, während diese sich an ihr vergingen. Rechtschaffenen Passanten sträubten sich die Haare beim Keuchen und Stöhnen dieser Tiere und dem Fiepen von Ti Cam, das sich anhörte wie das einer läufigen Hündin. Das Wimmern der bedauernswerten Kreatur ging im Lärm des Bahnhofs und der Straße unter. Während der darauffolgenden drei Monate war ihr Bauch gewachsen, worüber Frau Tit in Tränen ausbrach. Die schwangere Ti Cam schien etwas weniger verrückt und ging nicht mehr in sich hineinlächelnd ewig hin und her. Stattdessen saß sie reglos unter dem Baum. Einige Male hatte eine karitative Organisation ein Auto geschickt, das sie und ihre Mutter in ein Zentrum brachte, wo der Staat für sie sorgen könne. Aber nach ein paar Tagen hatten die beiden immer wieder den Weg zurückgefunden. Sie waren wie wildes Gras, daran gewöhnt, auf dem Feld zu leben. Wie hätten sie es je in einem Käfig ausgehalten?

Frau Tit warf sich auf den Leichnam ihrer Tochter. »Oh, mein Kind, ich brachte dich in dieses elende Leben, und jetzt musst du so jämmerlich sterben!«

To und seine Frau kamen heraus, um zu sehen, was passiert war. Tos Gesichtsausdruck war sehr seltsam. Blitzartig schien ihm etwas einzufallen, und seine Züge hellten sich einen Moment lang auf … Quyt und seine Frau waren entsetzt. Sie würden wohl ihren Mieter verlieren wegen dieser Sache. Denn der Kerl aus dem Westen würde es wohl kaum wagen, nach diesem Vorfall hierzubleiben! Wenn er das wollte, würde er ein Vermögen für Bestechungs- und Schmiergelder ausgeben müssen … Ti Cams Leichnam war noch warm, und die Leute dachten schon darüber nach, was ihnen der Vorfall bringen könnte. Die ganze Nachbarschaft brummte wie ein aufgestörter Bienenschwarm. Der Westler warf die Arme in die Höhe, zuckte mit den Achseln und krächzte wie ein alter Plattenspieler mit abgenutzter Nadel; seine Alkoholfahne war deutlich zu riechen.

Binnen weniger Tage hatten sich die Leute ihr Urteil über die Schuldfrage gebildet. Demnach war Ti Cam dem Westler ins Auto gelaufen, und der hatte, weil er betrunken war, nicht rechtzeitig bremsen können. Ansonsten habe er keine Regeln verletzt. Deshalb wurde er nicht belangt, musste aber an Frau Tit zehn Millionen Dong Entschädigung zahlen und die Bestattungskosten übernehmen.

Nachdem sie ihr Kind beerdigt hatte, konnte Frau Tit kaum fassen, dass sie jetzt zehn Millionen Dong besaß. Es hieß, dass ihr der Westler auch noch eine goldene Kette gegeben habe, die drei Chi schwer war. Plötzlich war Frau Tit Millionärin geworden. Sie siedelte sich in der Gasse an, kaufte einen Herd und richtete alles her, was sie drei Millionen kostete. Sie handelte jetzt nicht mehr mit Schrott, sondern ließ sich eine Glasvitrine nach Hause liefern und stellte darin allerlei Kram zum Verkauf aus. Sie war jetzt knapp über fünfzig, hatte Geld, einen Laden und eine goldene Kette um den Hals hängen, die drei Chi schwer war. Es war immer noch der Hals einer Unglücklichen, aber die war jetzt reich … Und so parkten die Männer ihre Mopeds vor ihrer Vitrine, um mit ihr zu plaudern. Wer weiß, vielleicht würde sie in naher Zukunft sogar in die Hochzeitskutsche steigen? Die Nachbarn standen in Grüppchen zusammen und schwatzten über dieselbe Frau, die sie vor Kurzem noch geifernd angefaucht hatten, wann immer sie und ihre Tochter beim Kochen unter dem Baum zu viel Rauch gemacht hatten. Auch Frau Tit selber hatte sich verändert. Sie sprach sanfter, verwendete seltener vulgäre Ausdrücke, und eines Tages kaufte sie sich einen Hut mit Blumen …

To und seine Frau sprachen über das, was sie so dachten, nicht miteinander, waren aber beide besessen von derselben Idee, immer wenn sie den tauben alten Mann in dem Rattansessel erblickten, der extra für ihn reserviert war. Der Sommer war gekommen. Die Leute in der Nachbarschaft stellten Stühle ins Freie, um eine frische Brise zu genießen. In diesen Tagen zeigten To und seine Frau demonstrativ ihre Liebe zu dem alten Mann. Man konnte sie dabei beobachten, wie sie ihn auf seinem Stuhl heraustrugen und ihn vor der Türe im Luftzug platzierten. Häufig schlief der Alte dort ein. Einige Male vergaß Tos Frau ihn, schaltete den Ventilator im Haus ein, schlief selber ein und erinnerte sich erst um Mitternacht an ihren Schwiegervater da draußen.

Während dieser Zeit florierten Tos Geschäfte. Seine Firma warf so viel Geld ab, dass er eine weitere Sekretärin einstellte. Sie trug ebenfalls Miniröcke, verhielt sich aber anders als die erste Sekretärin, die aus guter Familie stammte und recht zurückhaltend war. Wenn To am Nachmittag in seinem Direktionsbüro eindöste, kam sie herein, stellte sich hinter ihn, umfasste seine Stirn mit ihren Händen und drückte ihre Brüste in seinen Rücken. Ihre Hände waren so kühl, dass sein Herz beinahe zu schlagen aufhörte, und ihr Wispern in seinem Ohr ließ ihn dahinschmelzen. Mit Widerwillen dachte er an seine Kinder und auch an seine Frau, die ihn von Zeit zu Zeit in einer Ecke der Küche pflichtbewusst liebkoste. Aber er durfte es sich nicht mit ihr verderben, weil er sie noch brauchte. Er brauchte sie als Pflegerin für seinen alten tauben Vater, der sich störrisch ans Leben klammerte. Was hatte er doch für ein schweres Los!

Jede Nacht dachten beide an Frau Tit. Sie wünschten, sie könnten sich ebenso geschickt ihrer Bürde entledigen und gleichzeitig noch an ein paar Extra-Millionen kommen. Sie waren zwar schon reich, aber wer würde ein paar Millionen mehr ausschlagen wollen? Wenn es ihre Familie träfe und der betrunkene Westler ihren neunzigjährigen Vater umfahren würde, würden sie sich nicht mit zehn Millionen zufriedengeben. Nein, da müsste mehr drin sein. Das Doppelte. Westler waren sehr reich … Wichtig war, den Alten auf legale Weise loszuwerden. Man bedenke, ein schönes Haus wie das ihre, beschmutzt vom stinkenden Urin des alten Mannes! Was hatten sie nur für ein elendes Los!

Auch wenn sie beide nie ein Wort darüber verloren, spitzten sie doch jedes Mal die Ohren, wenn ihre Grübeleien an diesem Punkt angelangt waren. Es war immer noch Sommer, und nur im Sommer konnten sie den Vorwand der frischen Brise nutzen, den Neunzigjährigen im Freien einschlafen zu lassen … Aber warum war der Westler in diesen Tagen so selten betrunken? Er bog stets langsam in die Gasse ein und raste nicht mehr drauflos wie früher. Aber sicher würde er eines Tages die alte Geschichte vergessen und wieder so fahren wie in jener Nacht, als er Ti Cam überfuhr!

Mann und Frau schauten einander an, mit stockendem Atem, weil sie dieselben Gedanken hegten, die sie einander nicht mitzuteilen wagten.

Quyts Haus lag hinter einem Zaun aus Schlingpflanzen, und im Fenster des Westlers brannte das Licht noch hell. Quyts Frau sprach englisch mit dem Westler, schmeichelte ihm, warnte ihn, nicht wie in der Vergangenheit rücksichtslos in die Gasse hineinzudonnern. Der Westler sagte brav »okay« und vergaß nicht, ihr die Hand zu küssen. Seine dicken Lippen verweilten dabei auf dem Rubinring, den sie am kleinen Finger trug.

Quyt war dem Westler, der sein Haus gemietet hatte, mehr denn je ergeben. Er brachte selbst für seinen Mieter leichte Mädchen ins Haus. Er kaufte ihm Schnaps. Als seine Frau mitten in der Nacht aus dem Bett verschwand, ignorierte er es ... Hauptsache, der Westler blieb weiterhin in seinem Haus. Wenn er nur den Unfall vergessen würde! Vorerst musste er weiterhin Schmiergelder zahlen und auf ihre Wirkung warten. Ach, so eine blauäugige Langnase war eine Goldgrube! Und jede Nacht trugen To und seine Frau den Rattanstuhl mit dem alten Mann ins Haus zurück. Es würde keinen guten Eindruck machen, wenn sie ihn die ganze Nacht draußen schlafen ließen.

Eines Nachts war die Gasse um neun Uhr abends schon fast leer. Am späten Nachmittag hatte es heftige Böen gegeben, aber keinen Regen. Die kühle Luft hatte die Leute früh ins Bett gelockt. Tos Vater saß wie jeden Tag draußen im Rattanstuhl. Sein Atem ging sanft und leise wie der eines Kindes. Eine Gruppe von Spielern geriet vor Frau Tits Haus plötzlich in Streit. Zwei der Strolche prügelten sich um Geld und jagten einander durch die Gasse. Der eine rannte pfeilschnell davon, der andere hinterher und schrie wütend: »Scheißkerl! Ich schlag dir den Schädel ein!« Er griff sich einen Ziegelstein und schleuderte ihn auf den Rivalen. Der Stein verfehlte sein Ziel, fiel in hohem Bogen auf den Boden, prallte von einem Baumstumpf ab und traf den Kopf des schlafenden neunzigjährigen Mannes. Die beiden Strolche verschwanden. Der alte Mann war zäh und überlebte die Verletzung. Er war nur bewusstlos. To und seine Frau trugen ihn ins Haus. Von diesem Tage an war er bettlägerig. Er konnte essen, aber nicht aufstehen, um zur Toilette zu gehen. Der Arzt kam und untersuchte ihn. Er sagte zur Schwiegertochter: »Er wird nicht mehr gehen können, aber er ist immer noch recht gesund. Wenn Sie ihn gut pflegen, kann er hundert Jahre alt werden!«

To und seine Frau schauten sich bestürzt an. Was musste dieser Westler jetzt auch plötzlich so vorsichtig fahren! Wie hatte es nur so weit kommen können?

Made in Vietnam

Carolin Philipps

Lan zuckt vor Schmerz zusammen, als sie den Schlag auf ihrem Rücken spürt. Erschrocken fährt sie hoch und sieht die mitleidigen Blicke ihrer Arbeitskolleginnen. Sie alle wissen, was jetzt passieren wird, denn es gibt nur wenige unter ihnen, die es noch nicht erwischt hat. Je länger man hier arbeitet, desto größer wird die Wahrscheinlichkeit. Niemand kann auf Dauer entkommen.

In der großen Halle gibt es wohl nur einen, der kein Mitleid hat: Minh, der ihr direkt gegenübersitzt und sie hämisch angrinst. Seit Tagen hat er Lan nicht aus den Augen gelassen, jede ihrer Bewegungen beobachtet, auf den Moment gewartet, wo Lan vor lauter Müdigkeit mit dem Kopf auf die Werkbank kippen und in diesen kurzen, ohnmachtsähnlichen Schlaf fallen würde, den alle Arbeiter in der Fabrik kennen und fürchten.

Wieder trifft sie der Bambusstock der Aufseherin, und das Grinsen in Minhs Gesicht wird noch breiter. Chi Dung, eine der vier Aufseherinnen, die zur Kontrolle der Arbeiter durch die Reihen gehen, ist bekannt für ihre unnachsichtige Härte, sobald sie jemanden erwischt, der nicht mit hundertprozentigem Einsatz bei der Arbeit ist.

Vielleicht hat Minh sie sogar herbeigewunken, als er sah,

wie Lans Augen immer öfter vor Erschöpfung zufielen und ihr Kopf Richtung Werkbank sank.

Lan beißt die Zähne fest zusammen, während ihr die Tränen in die Augen schießen.

Ein drittes Mal schlägt Chi Dung zu, Lan krallt ihre Hände in das Leder des Sportschuhs, der vor ihr auf dem Tisch steht. Die Tränen schießen ihr in die Augen. Schnell beugt sie ihren Kopf nach unten, versucht, die Tränen mit dem Ärmel abzuwischen. Sie wird nicht weinen! Diesen Triumph wird sie weder der Aufseherin noch Minh gönnen.

»Aufwachen, du Schlafmütze! Du wirst nicht fürs Schlafen bezahlt!« Die Stimme der Aufseherin schallt durch die Fabrikhalle. Überall werden Augen weit aufgerissen, Rücken gestrafft, flinke Hände arbeiten mit doppelter Geschwindigkeit weiter.

Es ist zweiundzwanzig Uhr. Die offizielle Arbeitszeit ist seit vier Stunden überschritten, es ist die dritte Nacht in Folge, in der sie arbeiten müssen, um den großen Auftrag pünktlich zu erledigen. Die dritte Nacht, in der sie gegen die immer stärker werdende Müdigkeit ankämpfen. Ein fast aussichtsloser Kampf, doch niemand möchte entlassen werden.

Die Aufseherin stößt Lan mit ihrem Stock an: »Los, hoch mit dir! Gerade stehen!«

Lan springt auf und stellt sich aufrecht wie ein Soldat vor ihren Stuhl, die Arme steif nach unten, die Hände an die Hosennaht gepresst.

»Mitkommen!«, kommandiert Chi Dung.

Lan stolpert hinter ihr her durch die Reihen der Arbeiterinnen, von denen sich niemand mehr traut, sie anzublicken. Alle schauen auf ihre Werkstücke und hoffen, dass nichts in ihrem Verhalten den Blick der Aufseherin in ihre Richtung lenken wird.

Neben der Eingangstür bleibt Chi Dung stehen. Aus ihrer

Kitteltasche nimmt sie eine Schachtel mit Streichhölzern, holt eins heraus und bricht es in zwei Hälften.

»Augen auf!«, kommandiert sie, und Lan reißt ihre Augen auf, so weit sie kann. Je weiter sie die Augen selber öffnet, desto weniger tut es weh, haben ihr die anderen erzählt. Für Lan ist es das erste Mal, und das ist immer am schlimmsten. Chi Dung schiebt die eine Streichholzhälfte unter ihr geöffnetes Augenlid und pikst dann das andere Ende unterhalb des Auges in die Haut. Das Gleiche macht sie mit dem rechten Auge. Sie arbeitet schnell und mit sicheren, geübten Handbewegungen.

Lans Augen tränen vor Schmerz und vor hilfloser Wut. Sie kann ihre Hände kaum ruhig halten, so dringend ist der Wunsch, die Augen zu reiben, der Wunsch, die Streichhölzer herauszureißen und Chi Dung in ihr verkniffenes Gesicht zu schleudern.

Dann muss Lan sich auf einen Stuhl stellen, mit dem Gesicht und ihren durch die Streichhölzer weit aufgespannten Augen zur Halle, als lebende Warnung für alle Arbeiter, auf keinen Fall einzuschlafen.

Für die meisten ist es ein gewohnter Anblick, nichts, was in ihren Masken gleichenden Gesichtern irgendeine Erregung hervorrufen könnte. Nach vierzehn Stunden nahezu ununterbrochener Arbeit fallen in jeder Nacht irgendeinem die Augen zu, und so steht auch fast jede Nacht einer von ihnen als Warnung für die anderen dort.

Lan sieht auf ihre gesenkten Köpfe, und sie weiß, dass die Gedanken in diesen Köpfen bei ihr sind, auch wenn es niemand zeigt. Das ist das Einzige, was die Arbeit hier erträglich macht: das Wissen, dass sie alle mitleiden, auch wenn niemals jemand ein offenes Wort oder einen Blick riskiert, solange die Aufseherin in der Nähe ist.

Die meisten Arbeiter in der Halle sind Mädchen und junge

Frauen. Offiziell sind sie alle älter als vierzehn, aber da man bei der Einstellung keinen Pass vorlegen muss, die meisten von ihnen nicht mal einen besitzen, gibt es viele unter ihnen, die jünger sind. In letzter Zeit werden sie sogar bevorzugt eingestellt, weil sie billiger sind und alles ertragen. Sie haben auch etwas zu verbergen und brauchen dringend das Geld.

Lan schaut über die gebeugten Köpfe. Niemand sieht in ihre Richtung, niemand außer Minh, der immer wieder den Kopf hebt, nur wenige Sekunden lang, aber sie reichen, sodass Lan den zufriedenen Ausdruck in seinem Gesicht erkennt.

Sie kann sich kaum noch auf den Beinen halten. Die Aufseherin ist am anderen Ende der Halle. Lan nutzt die Chance und verlagert ihr Gewicht auf das linke Bein. Vorsichtig bewegt sie das rechte ein wenig hin und her. Als Chi Dung in ihre Richtung schaut, stellt sie es schnell wieder auf den Stuhl.

Von der gegenüberliegenden Wand schaut das Bild Ho Chi Minhs zu ihr herüber. Was hätte er wohl gesagt, wenn er einen Blick in diese Halle werfen könnte? Ein Leben lang hat er für die Freiheit seines Volkes gekämpft, erst gegen die Franzosen, dann gegen die Amerikaner. Die Vietnamesen sollten ihr Leben selbst bestimmen können und nicht länger durch die ausländischen Herrscher ausgebeutet werden. Freiheit, Gleichheit und Brüderlichkeit. Das wollte er für sein Volk. »Der letzte Kommunist Vietnams«, hat jemand unter das Bild geschrieben. Die Firmenleitung lässt es immer wieder abwischen, und einen Tag später steht es wieder da als leiser Protest der Arbeiter gegen die Ausbeutung durch die eigenen Landsleute.

Ihre Augen tränen ununterbrochen, Lan schwankt und wäre beinahe vom Stuhl gefallen. Die Uhr über der Tür tickt. Eine Stunde, zwei Stunden, Stunden, die man ihr vom Lohn abziehen wird. Wie viel wird am Ende des Monats übrig bleiben? Die fünfhundertsiebzigtausend Dong, die sie monatlich bekommt, reichen auch so kaum zum Leben. Und wenn man wie Lan und die meisten anderen hier auch noch die Eltern und Geschwister unterstützt, ist der Verlust jedes einzelnen Dong eine Katastrophe.

Bald wird die Sonne aufgehen. Lans Gedanken wandern zu der kleinen Hütte am Rande des Reisfeldes vier Stunden Fußweg von hier, wo ihre Eltern bald aufstehen werden. Ihr Vater, um mit dem einzigen Schatz der Familie, dem Wasserbüffel, das Feld umzupflügen, und ihre Mutter, um auf den Markt zu gehen und wie jeden Morgen Gemüse für die morgendliche Reissuppe zu kaufen. Vielleicht reicht das Geld, das sie ihnen bei ihrem letzten Besuch gebracht hat, auch für ein Stück Hühnerfleisch in der Suppe. Ihre jüngere Schwester Thao und ihr kleiner Bruder Hieu machen sich danach auf den Weg in die Schule. Sie haben das große Glück, dass sie noch zur Schule gehen dürfen und hoffentlich einen Abschluss machen werden. Lans Verdienst wird gebraucht, um das Schulgeld und die Bücher zu bezahlen.

Jedes Mal, wenn ihre Gedanken bis hierher geflogen sind, wird sie sehr traurig. Sie hatte so viele Pläne. Ärztin wollte sie werden, damals, als sie noch zur Schule gehen durfte. Sie war die Beste ihrer Klasse. Sie lernte schnell und gerne. Ihre Lehrerin sprach schon von einem Stipendium, das sie ihr besorgen wollte, und von einem Studium in Frankreich oder Amerika.

Und dann kam alles ganz anders.

Der Vater wurde krank, konnte monatelang nicht auf dem Reisfeld arbeiten. Es gab oft nur eine Mahlzeit am Tag, das Schulgeld, die Uniform und die Bücher wurden zum unbezahlbaren Luxus.

Aus der Traum vom Studium.

Lan war dreizehn, als sie die Schule von einem Tag zum anderen verlassen musste, um der Mutter und ihrem Onkel auf dem Reisfeld zu helfen. Vom Sonnenaufgang bis zum Sonnenuntergang ging sie neben ihrem Onkel mit dem Pflug hinter dem Wasserbüffel durch die schlammige Erde. Danach steckte sie mithilfe der Mutter kleine Reispflanzen in die Erde und schöpfte Wasser aus den Kanälen auf das Feld.

Sobald der Vater wieder gesund war, half er mit, aber Lan wartete vergeblich auf die Erlaubnis, zurück in die Schule zu gehen.

»Wir brauchen dich hier auf dem Feld«, sagte der Vater, als Lan endlich den Mut hatte, zu fragen. »Was willst du in der Schule? Du hast das Nötigste gelernt. Lesen, ein wenig schreiben und rechnen. Mehr brauchst du nicht.«

Lan widersprach nicht, es war der Vater, der die Entscheidungen in der Familie traf. Und da half es auch nicht, dass alle wussten, dass sie als Ärztin später viel Geld verdienen und die Familie unterstützen könnte. Jetzt mussten die Bäuche gefüllt werden, und jetzt brauchte der Vater Hilfe.

Nur manchmal, wenn Lan die anderen Kinder morgens am Feld vorbei in die Schule gehen sah, wurde sie traurig.

Der Einzige, der sie verstand, war ihr Großvater. Aber auch er konnte ihr nicht helfen. Der Vater brauchte weiterhin teure Medikamente, und außerdem gab es da noch die Familie des Onkels, die aus dem großen Topf der Familie miternährt werden musste.

Der schönste Tag in der Woche war für Lan der Samstag, wenn sie am frühen Nachmittag ihre frühere Lehrerin besuchen durfte. Die hatte die Hoffnung noch nicht aufgegeben, dass Lan in die Schule zurückkommen konnte, und lieh ihr Bücher, erklärte ihr, soweit es in der kurzen Zeit möglich war, die Matheaufgaben und sprach vor allem viel Englisch mit ihr. »Englisch ist der Schlüssel zu eurer Zukunft!«, sagte sie, und Lan lernte in jeder freien Minute zu Hause. Manchmal schlief sie über ihren Büchern ein.

Dann kam das Jahr der Riesenüberschwemmung, in dem die Reisernte fast komplett ausfiel. Die Familie brauchte dringend Geld. Ein Nachbarsjunge erzählte von den großen Schuhfabriken in der Nähe von Cu Chi, wo man Sportschuhe für die Menschen in den USA und Europa herstellte. 570 000 Dong pro Monat sollte man bekommen, und wenn man Überstunden machte, noch mehr. Lan und die Hoffnungen der ganzen Familie auf einen reichen Geldsegen machten sich auf den Weg nach Cu Chi.

Dort, wo früher nur Reisfelder waren, hatte die Familie Le große graue Hallen gebaut, rundherum eine hohe Mauer errichtet und beim Eingangstor zwei Wachposten aufgestellt. Auf dem Gelände lagen auch die einfachen Unterkünfte für die Arbeiter und Arbeiterinnen.

Es gibt ständig großen Bedarf an neuen Arbeitern, sodass Lan sofort eine Anstellung bekam. Herrn Les Familie hatte gute Kontakte zur Regierung, und so erhielt er bevorzugt die begehrten Aufträge aus den USA und aus Europa.

Lan erinnert sich noch genau an ihren ersten Arbeitstag vor einem halben Jahr. Sie kam in die Halle, wo in langen Reihen die Arbeiterinnen saßen. Es war laut, obwohl niemand redete. Alle saßen mit gebeugten Köpfen über ihrer Arbeit. Keine schaute hoch, als sie kam. Nur die Aufseher, meistens junge Frauen mit gelben Armbinden, musterten sie kritisch.

Man hatte ihr einen Platz in der Reihe zugewiesen, wo die Sohlen geklebt wurden.

Ein süßlicher, betäubender Duft hing in der Luft. Der Klebstoff, mit dem die einzelnen Schichten der Sohlen zusammengeklebt wurden, machte ihren Kopf schwer. Die ersten Wochen hatte sie permanent Kopfschmerzen. Und auch heute noch verursacht der Geruch in den ersten Minuten jeder Schicht eine leichte Übelkeit, an die sie sich aber wie alle anderen inzwischen gewöhnt hat.

Nicht gewöhnen dagegen kann sie sich an den hasserfüllten Blick von Minh, der sie vom ersten Moment an bis heute verfolgt hat. Inzwischen weiß sie, warum er sie hasst. Sie sitzt dort, wo zuvor seine Freundin Phuong gearbeitet hat. Phuong ist entlassen worden, weil sie einmal zu oft auf die Toilette gehen wollte.

»Du warst schon einmal!«, hat Chi Dung sie angeschrien. »Einmal pro Schicht, das muss reichen. Ihr kennt die Regeln. Ihr werdet nicht fürs Pissen bezahlt!«

Phuong hat nichts gesagt. Sie war im zweiten Monat schwanger, ihr war oft übel, aber sie hatte Angst, dass man sie entlassen würde. So schwieg sie, unterdrückte die Übelkeit und kippte dann einfach vom Stuhl. Ohne Schrei, einfach so. Sie lag mit kreidebleichem Gesicht dort. Minh hob sie auf und trug sie hinaus, ohne sich um das Geschrei der Aufseherin zu kümmern. Am Ende hatte er noch Glück, dass nur Phuong entlassen wurde und man ihm bloß die eine Stunde, die er bei ihr draußen im Hof geblieben war, vom Lohn abzog.

Phuong verlor das Kind. Als sie nach einigen Tagen, immer noch sehr bleich, zurückkam und um ihren alten Arbeitsplatz bat, hat Chi Dung auf Lan gezeigt und zu ihr gesagt: »Du siehst doch, dass der Platz besetzt ist. Für Schwächlinge ist hier der falsche Ort.«

Es war nicht Lans Schuld. Der Platz war ihr zugewiesen worden. Und Minhs Hass, der sich eigentlich gegen die Aufseherinnen richten müsste, hätte jedes Mädchen verfolgt, das Phuongs Platz einnahm.

Als die Schicht kurz nach Mitternacht endlich beendet wird, spürt Lan ihre Beine nicht mehr. Ihre Augen brennen und sind rot angeschwollen. Ihre Freundin Hoa hilft ihr, die Streichhölzer vorsichtig zu entfernen. Die Haut ist so gereizt, dass sie sofort einreißt.

»Sieh dich vor!«, ruft ihr die Aufseherin zu. »Draußen warten genügend andere Mädchen, die gerne deine Stelle einnehmen würden!«

Leider hat sie recht. Draußen vor den Toren der Fabrik warten im Schatten unter den Bäumen täglich stundenlang junge Frauen, um einen Platz in der Halle zu bekommen. Sie werden nicht abgeschreckt durch die hohen Mauern, die das ganze Gelände umgeben, nicht durch den Stacheldraht, der an vielen Stellen zusätzlich auf die Mauern montiert ist, und auch nicht durch die Wachposten, die jeden, der hinein- oder herauswill, sorgfältig prüfen.

Die Fabrik ist abgeriegelt wie ein Gefängnis, und die Arbeiter hinter den Mauern empfinden das genauso. Und doch sind sie freiwillig hier. Niemand zwingt sie. Wer gehen will, kann gehen, jederzeit. Es gibt keine Arbeitsverträge, keine Paragrafen, die sie schützen, keine, die sie aufhalten. Und doch verlässt kaum einer freiwillig die Fabrik. Sie brauchen das Geld, das sie hier verdienen, auch wenn es kaum zum Überleben reicht.

Ein Stockwerk höher stehen die Betten, dreißig in einem Raum. Ohne sich zu waschen, ohne etwas zu essen oder zu trinken, fällt Lan in ihr Bett und in derselben Sekunde in einen tiefen Schlaf. Die nächste Schicht beginnt bereits in sechs Stunden.

Der alte Baum – Eine Legende

Thich Nhat Hanh

In einem tiefen Wald des Hochlandes stand ein uralter Baum. Niemand wusste, wie viele Tausend Jahre er schon durchlebt hatte. Sein Stamm war so dick, dass achtzehn Menschen nicht ausreichten, um ihn mit ausgestreckten Armen zu umfassen. Riesige Wurzeln stießen durch das Erdreich nach oben und verzweigten sich in einem Umkreis von fast fünfzig Metern. Die Erde im Schatten des Baumes war ungewöhnlich kühl. Seine Rinde war steinhart; wenn man mit dem Fingernagel dagegen drückte, schoss der Schmerz bis in den Finger. Die Zweige des Baumes beherbergten Zehntausende von Nestern und gaben Hunderttausenden von großen und kleinen Vögeln Schutz.

Des Morgens, wenn die Sonne aufging, waren die ersten Lichtstrahlen wie der Stab eines Kapellmeisters, der eine mächtige Symphonie dirigiert. Eine Symphonie aus Tausenden von Vogelstimmen, eine Symphonie so majestätisch wie die Sonne, die sich hinter dem Berggipfel zum Aufgehen anschickte. Alle Geschöpfe des Berges und des Waldes erhoben sich dann auf ihren zwei oder vier Beinen, langsam, voll ehrfürchtigem Staunen.

Zwölf Meter über dem Erdboden gab es in dem großen Baum ein Loch von der Größe einer Bien-Hoa-Pampelmuse. In diesem Loch lag ein kleines braunes Ei. Niemand wusste zu sagen, ob ein Vogel dieses wunderschöne Ei in das Loch gelegt hatte. Einige glaubten, das Ei stamme gar nicht von einem lebenden Vogel, sondern sei aus der geheiligten Waldluft und der Lebensenergie des großen Baumes entstanden.

Dreißig Jahre verstrichen, das Ei blieb unversehrt. In manchen Nächten geschah es wohl, dass Vögel von einer über dem Loch schwebenden Wolke und einem leuchtenden Lichtschein, der die ganze Umgebung des Baumes erleuchtete, aus dem Schlaf geschreckt wurden. Schließlich, eines Nachts, unter dem vollen Rund des Mondes, öffnete sich das Ei, und ein seltsamer Vogel schlüpfte heraus. Es war ein sehr kleiner Vogel. In der kalten Nacht ließ er ein zartes Piepsen hören. Sehr hell war das Leuchten des Mondes, sehr hell funkelten die Sterne. Die ganze Nacht schrie der winzige Vogel. Sein Schrei war weder traurig noch mutig. Es war ein Schrei der Verwunderung und Befremdung. Er schrie, bis die Sonne sich zeigte. Die ersten Lichtstrahlen eröffneten die Symphonie, Tausende von Vogelstimmen erhoben sich. Von jenem Augenblick an schrie der winzige Vogel nicht mehr.

Er wuchs schnell heran. Muttervögel brachten ihm stets reichlich Nüsse und Körner. Bald schon wurde das Loch im Baum zu klein, und der Vogel musste sich einen anderen, geräumigeren Platz zum Leben suchen. Er konnte jetzt fliegen, suchte sich sein Futter selbst und sammelte Strohhalme, um den Boden seines neuen Nestes damit zu bedecken. Seltsamerweise war der Vogel weiß wie Schnee, obwohl das Ei braun gewesen war. Im Flug breitete er seine Flügel weit aus und bewegte sich langsam und sehr ruhig. Oft flog er zu weit entfernten Orten, wo weiß schäumende Wasserfälle Tag für Tag und Nacht für Nacht zur Erde stürzten, gleich dem majestätischen Atem von Erde und Himmel. Manchmal kehrte der Vogel tagelang nicht zurück. Wenn er dann wieder da war, lag er den ganzen Tag und die ganze Nacht in seinem Nest, nachdenklich und ruhig. Seine Augen leuchteten, und niemals verloren sie den Ausdruck der Verwunderung, den sie am Anfang hatten.

Im uralten Wald von Dai Lao lag an einem Abhang eine kleine Einsiedelei. Dort lebte ein Mönch seit fast fünfzig Jahren. Oft flog der Vogel über den Dai-Lao-Wald. Von Zeit zu Zeit erblickte er den Mönch, wie er mit einem Wasserkrug in den Händen langsam den Pfad zur Quelle hinunterging. Eines Tages schwebten zarte Rauchschleier über dem Dach der bescheidenen Hütte, und eine heimelige Atmosphäre lag über dem Hügel. Der Vogel sah zwei Mönche gemeinsam auf dem Pfad, der von der Quelle zur Hütte führte. Die beiden waren im Gehen in ein Gespräch vertieft. In jener Nacht blieb der Vogel im Dai-Lao-Wald. In den Zweigen eines Baumes verborgen, beobachtete er die beiden Mönche, die die ganze Nacht hindurch beim Schein des Feuers, das in der Hütte flackerte, miteinander sprachen.

Der Vogel flog hoch, hoch über dem uralten Wald. Mehrere Tage lang flog er am Himmel hin und her, ohne zu landen. Unter ihm stand der große Baum im uralten Wald. Unter ihm waren die Geschöpfe des Berges und des Waldes von Gras, Gebüsch und Bäumen verborgen. Seit dem Tag, an dem der Vogel dem Gespräch der beiden Mönche gelauscht hatte, war seine Verwirrung gewachsen. Woher komme ich, und wo gehe ich hin? Wie viele Tausend Jahre wird der große Baum stehen?

Der Vogel hatte die Mönche über die Zeit sprechen hören. Was ist Zeit? Warum hat die Zeit uns hierhergebracht, und warum wird sie uns wieder von hier wegbringen? Die Nuss, die ein Vogel verspeist, hat ihre eigene, köstliche Natur. Wie kann ich die Natur der Zeit erkunden? Der Vogel wollte ein kleines Stück Zeit aufpicken und sich dann in sein Nest zurückziehen, um es in aller Ruhe auf seine Natur hin zu untersuchen. Und selbst wenn es Monate oder Jahre dauern würde, er war bereit.

Der Vogel flog hoch, hoch über dem alten Wald. Er war wie ein runder Ballon, der im Nichts schwebt. Der Vogel hatte das Gefühl, seine Natur sei so leer wie ein Luftballon. Die Leerheit seiner Natur war der Grund seiner Existenz, aber sie war auch der Grund für seinen Schmerz. »Ach Zeit, könnte ich dich doch finden, dann könnte ich sicherlich auch mich selbst finden«, dachte der Vogel.

Nach mehreren Tagen und Nächten schließlich ließ sich der Vogel still in seinem Nest nieder. Er hatte eine winzige Erdkrume aus dem Dai-Lao-Wald mitgebracht. Tief in Gedanken nahm er die Erdkrume auf, um sie zu untersuchen. Der Mönch im Dai-Lao-Wald hatte zu seinem Freund gesagt: »Zeit kommt in der Ewigkeit zur Ruhe. Dort sind die Liebe und das Geliebte eins. Jeder Grashalm, jede Erdkrume, jedes Blatt ist eins mit dieser Liebe.«

Immer noch gelang es dem Vogel nicht, die Zeit zu finden. Die winzige Erdkrume aus dem Dai-Lao-Wald enthüllte ihm nichts. Vielleicht hatte der Mönch seinen Freund belogen? Wenn Zeit in der Liebe ruht, wo ist dann die Liebe? Der Vogel erinnerte sich der rauschenden Wasserfälle, die im nordwestlichen Wald ohne Unterlass in die Tiefe stürzten. Er erinnerte sich der Tage, an denen er von morgens bis abends dem Klang dieser Wasserfälle gelauscht hatte. Der Vogel hatte sich vorgestellt, er selbst rausche hinab wie das Wasser eines Wasserfalls. Er hatte mit dem Licht gespielt, das auf dem Wasser glitzerte, hatte mit dem Wasserfall die Kiesel und Steinbrocken im Strom liebkost. In jenen Augenblicken hatte der Vogel sich selbst als Wasserfall erlebt, hatte gefühlt, dass der Klang des endlos fallenden Wassers aus ihm selbst kam.

Eines Mittags, als er den Dai-Lao-Wald überflog, sah der Vogel die Hütte nicht mehr. Der ganze Wald war niedergebrannt. Nur ein Häufchen Asche war dort, wo die Hütte des Mönches gestanden hatte. In Panik flog der Vogel herum und suchte. Der Mönch war nicht mehr im Wald? Wohin war er gegangen? Leblose Tierkörper. Leblose Vogelkörper. Hatte das Feuer den Mönch verzehrt? Der Vogel war verwirrt. Zeit, was bist du? Warum bringst du uns hierher, und warum wirst du uns wieder fortnehmen? Der Mönch hatte gesagt: »Zeit kommt in der Ewigkeit zur Ruhe.« Wenn das so ist, vielleicht hatte die Liebe den Mönch sich selbst zurückgegeben.

Plötzlich ergriff den Vogel große Angst. Rasch flog er zurück zum uralten Wald. Schon von ferne hörte er die furchtsamen Schreie der Vögel. Explosionen. In der Ferne brannte der uralte Wald. Schneller, immer schneller flog der Vogel. Die Flammen leckten den Himmel. Das Feuer hatte sich bereits bis in die Nähe des großen Baumes ausgebreitet. Hunderttausende von Vögeln kreischten in schierem Entsetzen.

Das Feuer näherte sich dem großen Baum. Der Vogel fächelte dem Feuer mit seinen Flügeln Luft zu, in der Hoffnung, es dadurch zu löschen, aber nur noch stärker loderten die Flammen. Der Vogel eilte zur Quelle, senkte seine Flügel ins Wasser und hastete zurück, um das Wasser über dem Wald auszuschütteln. Die Tropfen fielen zischend in die Flammen. Es reichte nicht, es war einfach nicht genug. Der ganze Körper des Vogels in Wasser getränkt, reichte nicht aus, um das Feuer zu löschen.

Schreie Hunderttausender von Vögeln. Schreie junger Vögel, die keine Federn zum Fliegen hatten. Das Feuer begann bereits, den großen Baum zu verzehren. Warum war kein Regen da? Warum stürzten die strömenden Regengüsse, die im nordwestlichen Wald ohne Unterlass fielen, nicht herab wie ein Wasserfall? Der Vogel stieß einen durchdringenden Schrei aus. Voller Trauer und Verlangen war der Schrei und verwandelte sich plötzlich in den rauschenden Klang eines Wasserfalls. Und mit einem Mal fühlte der Vogel die ganze Fülle seiner Existenz. Einsamkeit und Leerheit verschwanden, Illusionen, die sie waren. Das Bild des Mönches. Das Bild der Sonne hinter dem Berggipfel. Das Bild des Wassers, wie es Tausende von Lebzeiten hindurch endlos herniederrauscht. Jetzt war der Schrei des Vogels der volle Klang des Wasserfalls. Ohne Furcht stürzte sich der Vogel in die lodernden Flammen im Wald, gleich einem majestätischen Wasserfall.

Der nächste Morgen war still. Die herrlichen Strahlen der Sonne schienen, aber da war keine Symphonie, keine zehntausend Vogelstimmen. Ganze Teile des Waldes waren vollkommen niedergebrannt. Der große Baum stand noch, aber mehr als die Hälfte seiner Zweige und Blätter war verkohlt. Leblose Körper großer Vögel, leblose Körper kleiner Vögel. Still lag der morgendliche Wald. Die noch lebenden Vögel riefen einander, Verwirrung in den Stimmen. Sie wussten nicht, durch welche Gnade plötzlich der Regen vom wolkenlosen Himmel gefallen war, der am Nachmittag zuvor das Feuer gelöscht hatte. Sie erinnerten sich, den Vogel gesehen zu haben, wie er Wasser aus seinen Flügeln schüttelte. Sie wussten, es war der weiße Vogel, der aus dem großen Baum gekommen war. Sie flogen durch den Wald auf der Suche nach dem toten Körper des weißen Vogels, aber sie fanden ihn nicht.

Vielleicht war der Vogel fortgeflogen, um in einem anderen Wald zu leben. Vielleicht war der Vogel in den Flammen umgekommen. Der große Baum, dessen Körper von Wunden bedeckt war, sagte kein Wort. Die Vögel reckten ihre Köpfe zum Himmel und begannen, im verwundeten Körper des großen

Baumes neue Nester zu bauen. Und der große Baum? Vermisst er das Kind, das die geheiligte Bergluft und die Lebensenergie von viertausend Jahren geboren hatten? Vogel, wohin bist du gegangen? Hör, was der Mönch sagt: »Ich glaube, die Zeit hat den Vogel der Liebe zurückgegeben, die die Quelle aller Dinge ist.«

Nachwort

Beim Klang des Namens Saigon erwachen Bilder einer kolonialen Vergangenheit, wo in weißen Villen und weitläufigen Alleen reiche Plantagenbesitzer einst vermessenen Träumen nachhingen. Dass solche Träume auf Sand gebaut und mit dem Blut des Volkes erkauft waren, skizziert *Marguerite Duras* erbarmungslos. Dieser Doppelbödigkeit wird auch die Journalisten *Oriana Fallaci* gewahr: Während des Krieges sind Tod und Leben so eng miteinander verwoben, dass jeder Leichenzug einem Karnevalsumzug gleicht, der die tiefe Tragödie des Landes verbirgt. Als der jahrzehntelange Unabhängigkeitskrieg schließlich 1973 ein Ende nimmt, folgt die sogenannte Friedens- und Nachkriegszeit. Am 30. April 1975 nehmen kommunistische Truppen Saigon ein. *Kim Thuys* Familie muss den neuen Herrschern wohl oder übel die Hälfte ihres Hauses überlassen und weiß, dass ihre Zeit vorüber ist und sie anderswo ein neues Leben aufbauen müssen.

Immer wieder von vorn beginnen, sich nicht unterkriegen lassen: einen ungewöhnlichen Durchhaltewillen sagt man dem vietnamesischen Volk nach. Überlebenskünstler sind die von *Martina Katz* porträtierte Obstverkäuferin auf dem Mekong ebenso wie Herr Mong in der Geschichte von *Nguyen Huy Thiep:* Sie haben die Zeichen der Zeit erkannt, ohne viel Aufhebens darum zu machen. Gleichwohl gleitet der Blick immer wieder in die Vergangenheit. Nirgends wird sie so sehr inszeniert wie in der alten Kaiserstadt Hue. Doch die Vergangenheit entzieht sich dem Archäologen, ist wie ein unscharfes Bild, von Rauch überweht. So oszilliert das Land zwischen Gegenwart und Vergangenheit, die allgegenwärtig ist in diesem Land, wo selbst die Brücken die Sprache des Krieges sprechen, wie *Paul Theroux* auf seiner Reise mit dem Zug von Hue und Danang konstatiert. Auf diesem Weg verlässt man den einst reichen Süden, überquert den Wolkenpass, die natürliche Grenzscheide zwischen Nord- und Südvietnam, und wird eingefangen von einer ganz anderen Stimmung. Dichter silberner Nebel wabert in den Windgeschichten von *Nguyen Huy Thiep*, wo Überheblichkeit fehl am Platz ist, wie uns die Fabel vom überheblichen Grashüpfer lehrt. Hier entspringen Märchen, geheimnisvolle Überlieferungen und Mythen. So schwebt auch die Legende von der Wunderwaffe im Kampf gegen den mächtigen Nachbarn im Norden über dem See von Hoan Kiem inmitten von Hanoi. Ins 15. Jahrhundert reicht diese Legende zurück, die jedes vietnamesische Kind kennt. Historisch gesichert ist, dass Le Loi im Jahre 1428 die chinesische Herrschaft beendete. Noch heute gibt es in ganz Vietnam keine Stadt ohne eine Le-Loi-Straße.

Wer in Vietnam Straßen überqueren will, dem wird geraten, sich einzufügen in den fließenden Strom, denn alles in diesem Land sei den Gesetzen des Wassers unterworfen. Das Land, das sich längs ans Südchinesische Meer schmiegt, besitzt eine 3200 Kilometer lange Küste, die alle dreißig Kilometer von einer Flussmündung unterbrochen wird. Aus dem Wasser entstand auch eine einzigartige Kulturform, das Wassertheater, gegründet in den Flüssen und Reisfeldern des Nordens; es gilt als Abbild des Lebenskampfes. Wenn der gewonnen war, wurde gefeiert. Das Wasser schuf auch das Weltnaturerbe, die Halong-Bucht: eine unvergleichliche und verwunschene Inselwelt, in der seltsame Felsformationen zu noch seltsameren Sinnestäuschungen Anlass geben.

Die Sinne werden in Vietnam auch kulinarisch angesprochen, gilt das Land doch als Paradies auf Erden für Feinschmecker, da verschiedene kulturelle Einflüsse auf die Küche einwirkten. Zwar landet für unsere Geschmäcker Undenkbares im Kochtopf. *Pham Thi Hoai* beschreibt lakonisch die Auswüchse der vietnamesischen Küche, wenn sie und ihre

Mutter, mehr aus der Not heraus, für ihre weniger betuchte Kundschaft Menüs kreieren, doch noch im Jenseits soll von diesen Genüssen geträumt werden.

Jeder soll zu essen haben, keiner gehe vergessen, versprach Ho Chi Minh, doch seine Worte gelten nach dem Krieg nicht mehr viel, in dem die alte Witwe ihren ältesten Sohn verlor. Ho Chi Minh sollte jedoch nicht vergessen werden, gegen seinen letzten Willen hatte das Politbüro entschieden, nach dem Vorbild in Peking und Moskau für ihn ein Mausoleum zu errichten.

Überleben in Vietnam fordert Flexibilität. Die Aneignung fremder Werte ist überlebensnotwendig, zunächst der chinesischen, später der westlichen. Dieser Prozess geht weiter, man weiß sich anzupassen, versucht zu profitieren vom tölpelhaften Westler, wie ihn *Le Minh Khue* überzeichnet. Doch solche Abhängigkeiten weiß der Westen ebenfalls zu nutzen, indem er Vietnam für sich arbeiten lässt. Wenn Arbeiter im benachbarten China mehr Rechte und Lohn fordern, verlagern westliche Firmen die Produktionsstätten flugs ins kleinere Vietnam. Ausgerechnet hier sehnen sich die Arbeiter nach der einst vermeintlich schützenden Hand des Ho Chi Minh.

Ein faszinierendes Land, ein Volk, das sich immer wieder wie Phönix aus der Asche erhebt. Was mag hinter diesem Rätsel stecken? Der bekannte Mönch *Thich Nhan Hanh* hat darauf eine Antwort. Nachdem der Wald zerstört ist, die Nester, die Tiere, waren auch Einsamkeit und Leere verschwunden. Alle begannen wieder von vorn, und die Vögel bauten neue Nester. Unbeirrbar.

Alice Grünfelder

Worterklärungen

Banyan-Baum Baum aus der Gattung der Feigen (Ficus), heute in ganz Südostasien verbreitet

Betelnuss beliebtes Genussmittel in Südostasien; wird gekaut und färbt die Zähne rot

Cham Angehörige der Kultur des ehemaligen Champa-Reiches, heute eine ethnische Minderheit in Vietnam, Kambodscha, Laos und Thailand

Chay-Voi-Aufstand (Kalkstößel-Aufstand) Rebellion der Fronarbeiter am Grabmal des Kaisers Tu Duc, 1866 niedergeschlagen

Chi alte Maßeinheit für Goldwert, 1 chi = 3,6 g

Dong seit 1978 offizielle Währung

Dschunke chinesisches Segelschiff mit flachem Schiffsrumpf und rechteckigen, aus Bast geflochtenen Segeln

Frangipani-Baum auch Frangipandi oder Tempelbaum genannt, wird in manchen Regionen Asiens verehrt

Ghul Leichen fressendes Fabelwesen

Ho Chi Minh (1890–1969) Premierminister und Präsident der Demokratischen Republik Vietnam

Karma Bezeichnung für die buddhistische Vorstellung, wonach alle Worte und Taten Folgen haben im nächsten Leben

Khau cut aus Holz geschnitzte Symbolfigur auf dem Dachfirst

Khun Lu und Nang Ua Gestalten aus einer alten Sage: Abendstern und Morgenstern, verbreitet unter den »Schwarzen Thai« in Vietnam

Linga phallusförmige Skulptur als Symbol für die schöpferische Kraft des indischen Gottes Shiva

Mandarin Beamtentitel im kaiserlichen China, von der Tang- bis zur Qing-Dynastie

Me loi niedrige Bambusart

Mexi bocu Merci beaucoup

Mo Quellen der Bergbäche

Ngo Dinh Diem (1901–1963) von 1955 bis zu seiner Ermordung im Jahr 1963 erster Präsident der Republik Vietnam

Nguyen Van Thieu (1923–2001) südvietnamesischer General und von 1967 bis 1975 Präsident. Kurz vor der Einnahme Saigons durch die Kommunisten emigrierte er nach Taiwan

Phuong Phönix

Ruou Schnaps
Sampan flaches, breites Ruder- oder Segelboot, auch als Hausboot verwendet
Sao-Baum Baumart, die für den Hausbau verwendet wird, weil sie Termiten widersteht; aus den Stämmen wurden Kanus gefertigt
Schwarze Thai Volk im Norden Vietnams
Sou ehemalige französische Münze und Währungseinheit
Tael heute nicht mehr gebräuchliche chinesische Währungseinheit
Tet Neujahrsfest nach dem Mondkalender
Tet-Offensiven eine Reihe offensiver Operationen der nordvietnamesischen Armee und des Vietcong zwischen dem 30. Januar und dem 23. September 1968 im Rahmen des Vietnamkrieges. Sie begann als Überraschungsangriff am Vorabend des vietnamesischen Neujahrsfestes (31. Januar)
Vietcong Nationale Front für die Befreiung Südvietnams, die während des Vietnamkrieges in Südvietnam den bewaffneten Widerstand gegen die Regierung und das sie unterstützende amerikanische Militär führte
Wayang Golek indonesisches Puppenspiel
Xoe Tanz der Thai in Vietnam
Zehntausendjähriges Grabmal andere Bezeichnung für das Grabmal des Kaisers Tu Duc (1847–1883)

27. Juli Tag der Kriegsgefallenen
2. September Nationalfeiertag, Unabhängigkeitserklärung am 2.9.1945
19. Dezember Tag des Nationalaufstands, offizieller Beginn des Widerstandskrieges gegen die französische Kolonialherrschaft am 19.12.1946

Autorinnen und Autoren

Mit * gekennzeichnete Texte wurden für diese Anthologie vom Verlag neu betitelt.

Anonym
»Die Legende vom zurückgegebenen Schwert«, aus: Otto Karow (Hg.), *Märchen aus Vietnam.* © Diederichs Verlag, München 1972, in der Verlagsgruppe Random House GmbH.

Marguerite Duras
(1914–1996) eigentlich Marguerite Donnadieu, wurde in Saigon geboren. Mit fünfzehn Jahren besucht Duras das Gymnasium in Saigon, ihren Tagebuchnotizen kann man entnehmen, dass sie eine Liaison mit einem reichen, älteren Chinesen hat. Mit achtzehn Jahren geht sie nach Paris, studiert Mathematik, Jura und Politik. Der internationale Durchbruch gelang ihr 1959 mit dem Drehbuch zum Film *Hiroshima, mon amour.* Als *Heiße Küste* 1952 erschien, war dies in Frankreich ein Skandal. Für *Der Liebhaber* erhielt sie 1984 den Prix Goncourt.
»Die doppelte Stadt – Erinnerung ans koloniale Saigon«*, aus: Marguerite Duras, *Heiße Küste,* Biederstein Verlag, München 1952. © für die deutschsprachige Ausgabe Suhrkamp Verlag, Frankfurt am Main 1972. Aus dem Französischen von Georg Goyert.

Oriana Fallaci
(1929–2006), italienische Schriftstellerin und Journalistin, berichtete schon früh von den internationalen Krisenherden. 1969 veröffentlichte sie ihr Vietnam-Tagebuch mit dem Titel *Wir, Engel und Bestien.* Der internationale Durchbruch gelang ihr in den Siebzigerjahren mit *Brief an ein nie geborenes Kind.* Als Journalistin führte sie Interviews mit zahlreichen bekannten Persönlichkeiten, u. a. Henry Kissinger, der ihr gegenüber eingestehen musste, dass der Vietnamkrieg sinnlos war.
»Stadt der verborgenen Tragödien«*, aus: Oriana Fallaci, *Wir, Engel und Bestien. Ein Bericht aus dem Vietnamkrieg.* © RCS Libri S.p.A., Mailand 1969–2012. Aus dem Italienischen von Heinz Riedt.

Martina Katz
geboren 1967, studierte Wirtschaftswissenschaften in Hamburg, arbeitete dann viele Jahre in einem großen deutschen Verlagshaus. Als freie Reise- und Fotojournalistin ist sie sehr häufig in Asien unterwegs. Zu ihren bevorzugten Reportagezielen gehören insbesondere China, Tibet, Vietnam und Thailand. Ihre Berichte und Bilder werden in zahlreichen Magazinen und Tageszeitungen in Deutschland, Österreich und der Schweiz veröffentlicht.
»Am Fluss der neun Drachen – Bilder aus dem Mekongdelta«* (»Am Fluss der neun Drachen«), aus: *Neue Zürcher Zeitung*, 18. November 2011 (gekürzte Fassung). © Martina Katz, 2011.

Heinz Kotte
(1963–2003) studierte Theologie in Münster. Während des Vietnamkriegs war er in der humanitären Hilfe für Kriegsopfer tätig. Später folgte ein Lehrauftrag am Asian Social Institute in Manila (1983–1989). Danach engagierte er sich in der entwicklungspolitischen Arbeit und lebte als freier Journalist in Köln.
»Onkel Ho in der Vitrine«* (»Mausoleum – Onkel Ho in der Vitrine«), aus: Heinz Kotte, Rüdiger Siebert, *Vietnam*. © Lamuv Verlag GmbH, Göttingen 1997.
»Wo sich Drachen über Wasser halten – Wassertheater: ein spritziges Vergnügen«* (»Theater – Wo sich Drachen über Wasser halten«), aus: Heinz Kotte, Rüdiger Siebert, *Vietnam*. © Lamuv Verlag GmbH, Göttingen 1997.

Le Minh Khue
geboren 1949 in Nordvietnam, wuchs bei Verwandten auf, arbeitete als Kriegsreporterin und seit dem Ende des Kriegs als Journalistin, Schriftstellerin und Literaturredakteurin beim Fernsehen in Hanoi. In schlichter, fast trockener Sprache erzählt sie von den »kleinen Tragödien« der Menschen und reflektiert so die Nachkriegsgeschichte ihres Landes. Sie gilt als eine der bekanntesten Autorinnen der vietnamesischen Gegenwartsliteratur.
»Szenen aus einer kleinen Gasse«, aus: Le Minh Khue: *Kleine Tragödien*. © Mitteldeutscher Verlag GmbH, Halle 2011. Aus dem Vietnamesischen von Günter Giesenfeld und Marianne Ngo.

Ma Van Khang
(eigentlich Dinh Trong Doan) geboren 1936 in Hanoi, studierte Pädagogik, arbeitete viele Jahre als Dorflehrer im Norden des Landes und veröffentlichte zahlreiche Reportagen über die Völker in Nordvietnam. Er war stellvertretender Direktor des Arbeiterverlags und ist seit 1995 Leiter der Sektion für ausländische Literatur des Schriftstellerverbands. Die literarische Laufbahn dieses vielseitigen Autors begann 1979, seither hat er zahlreiche Kurzgeschichten und fünfzehn Romane veröffentlicht.
»Das Warten der Frau Vy«* (»Die alte Mutter« (Me Gia, 1987)), aus dem Vietnamesischen von Monika Heyder, zuerst erschienen in Ursula Lies (Hg.), *Weiße Orchidee: Vietnamesische Literatur des 20. Jahrhunderts* (Themenheft 2010 der ORIENTIERUNGEN: Zeitschrift zur Kultur Asiens), München, edition global 2010 (www.edition-global.de).

Nguyen Huy Thiep
geboren 1950 in Hanoi, schloss 1970 sein Lehrerstudium ab und arbeitete zehn Jahre lang als Dorflehrer im Nordwesten des Landes. Als Thieps Kurzgeschichte *Der pensionierte General* 1987 erschien, löste sie einen öffentlichen Skandal aus. Seither gilt die Geschichte als Grundstein einer neuen Richtung in der vietnamesischen Literatur. Nguyen Huy Thiep thematisiert nicht die traumatischen Kriegserfahrungen, sondern vielmehr die neuere Entwicklung der Nachkriegsgesellschaft.
»Herr Mong«, aus: Nguyen Huy Thiep, *Der pensionierte General.* © Mitteldeutscher Verlag GmbH, Halle 2009. Aus dem Vietnamesischen von Günter Giesenfeld und Marianne Ngo.
»Windgeschichten – Begebenheiten aus dem Bergdorf Hua Tat«* (»Windgeschichten – zehn Begebenheiten aus dem kleinen Bergdorf Hua Tat«), aus: Nguyen Huy Thiep, *Der pensionierte General.* © Mitteldeutscher Verlag GmbH, Halle 2009. Aus dem Vietnamesischen von Günter Giesenfeld und Marianne Ngo.

Pham Thi Hoai
geboren 1960, aufgewachsen in Nordvietnam, lebt in Hanoi und Berlin. Sie übersetzte Grass, Kafka und Dürrenmatt ins Vietnamesische. 1983 begann sie zu schreiben. Ihr Erstlingsroman *Die Kristallbotin* erschien 1988, auf Deutsch erschien 1995 der Erzählband *Das Sonntagsmenü.* 1993 wurde sie mit dem LiBeraturpreis ausgezeichnet. Seit 2001 betreibt sie von Berlin aus ihre regimekritische Website *talawas.org.*

»Einkaufen für Oma«*, aus: Pham Thi Hoai, *Sonntagsmenü.* © Unionsverlag, Zürich 2009. Aus dem Vietnamesischen von Dietmar Erdmann.

Carolin Philipps

geboren 1954, studierte Geschichte und Anglistik in Hannover und Bonn und arbeitet heute als Gymnasiallehrerin in Hamburg. Sie ist mit einem Vietnamesen verheiratet und hat zwei Kinder. Besonders interessiert ist sie an politisch aktuellen Themen, die Kinder und Jugendliche beschäftigen.
»Made in Vietnam«*, aus: Caroline Philipps, *Made in Vietnam.* © Verlag Carl Ueberreuter, Wien 2009.

Rüdiger Siebert

(1944–2009), war lange Jahre journalistisch tätig, u. a. von 1977 bis 2002 als Leiter des indonesischen Programms der Deutschen Welle in Köln. Er ist Autor zahlreicher Bücher über Südostasien und gilt als einer der profiliertesten Kenner der Region.
»Onkel Ho in der Vitrine«* (»Mausoleum – Onkel Ho in der Vitrine«), aus: Heinz Kotte, Rüdiger Siebert, *Vietnam.* © Lamuv Verlag GmbH, Göttingen 1997.
»Wo sich Drachen über Wasser halten – Wassertheater: ein spritziges Vergnügen«* (»Theater – Wo sich Drachen über Wasser halten«), aus: Heinz Kotte, Rüdiger Siebert, *Vietnam.* © Lamuv Verlag GmbH, Göttingen 1997.

Paul Theroux

geboren 1941, ist einer der bekanntesten amerikanischen Reiseschriftsteller. Nach seinem Studium verfasste er zunächst Kurzgeschichten, Zeitungsartikel und Romane. Auf all seinen Reisen, die ihn insbesondere nach Argentinien, China und in die Südsee führten, war die Eisenbahn sein bevorzugtes Verkehrsmittel.
»Mit dem Zug von Hue nach Danang«* (»Mit dem Personenzug von Hué nach Danang«), aus: Paul Theroux, *Abenteuer Eisenbahn. Auf Schienen um die halbe Welt,* Hoffmann und Campe, Hamburg 1977. © Paul Theroux, 1975, used by permission of The Wylie Agency (UK) Limited. © für die deutsche Übersetzung Hoffmann und Campe Verlag GmbH, Hamburg 1977. Aus dem Englischen von Werner Peterich.

Thich Nhat Hanh
geboren 1926, ist buddhistischer Mönch, Schriftsteller und Lyriker und gehört zu den profiliertesten Meistern der buddhistischen Lehre; seit seiner Jugend ist er Vertreter eines engagierten Buddhismus. Im Jahr 1966 gründete er den Tiep-Hien-Orden, der es sich zur Aufgabe machte, die buddhistische Lehre in konkreten Sozial- und Friedensprojekten umzusetzen.
»Der alte Baum – Eine Legende«* (»Der alte Baum«), aus: Thich Nhat Hanh, *Der Mondbambus,* Aurum-Verlag, Braunschweig 1994. © für die deutsche Übersetzung Petra Mecklenburg, 1993. Aus dem Englischen von Petra Mecklenburg.

Kim Thuy
geboren 1968 in Saigon, verließ 1978 mit ihren Eltern als Boat People das Land, studierte später in Kanada Jura, Sprachwissenschaften und Übersetzung. Ihr erstes Buch *Ru (Wiegenlied),* aus dem die vorliegenden Passagen stammen, war ein internationaler Erfolg. Heute lebt Thuy als Rechtsanwältin in Kanada.
»Chaotische Friedenszeit«*, aus: Kim Thuy, *Der Klang der Fremde.* © Verlag Antje Kunstmann GmbH, München 2010. Aus dem Französischen von Andrea Alvermann und Brigitte Große.

To Hoai
(eigentlicher Name Nguyen Sen), geboren 1920 in Hanoi als Sohn eines Bauern, veröffentlichte in den Vierzigerjahren seine ersten Geschichten und wurde schnell bekannt aufgrund seiner Beschreibungen des bäuerlichen Lebens. Er gehört zu den bedeutendsten Autoren Vietnams, erhielt die wichtigsten literarischen Auszeichnungen Vietnams und hat neben Erzählungen auch zahlreiche Romane, Kinderbücher und Filmskripte verfasst.
»Folgen der Überheblichkeit – Eine Geschichte vom Grashüpfer Men«* (»Von Kindsbeinen an unabhängig – Eine unüberlegte Handlung und … lebenslange Reue«), aus: To Hoai, *Abenteuer und Heldentaten des ruhmreichen Grashüpfers Men.* © Verlag Volk und Welt, Berlin 1981. Aus dem Vietnamesischen von Pham Nhu Anh und Andreas Pham.

Tran-Nhut
Hinter dem Nachnamen Tran-Nhut stehen die beiden 1962 und 1963

in Vietnam geborenen Schwestern Thanh-Van und Kim. 1968 wanderten sie mit ihren Eltern in die USA aus, drei Jahre später zog die Familie nach Frankreich. Nach dem Abitur studierten sie Maschinenbau bzw. Physik. Die Kriminalromane rund um den Mandarin Tan schreiben sie gemeinsam.
»Die Piraten aus der Halong-Bucht – Eine Erinnerung ans Königreich«*, aus: Tran-Nhut, *Das schwarze Pulver von Meister Hou.* © Unionsverlag, Zürich 2008. Aus dem Französischen von Michael Kleeberg.

Tran Thuy Mai
geboren 1954, studierte Pädagogik und arbeitete anschließend in einem Literaturverlag in Hue, weshalb die ehemalige »Kaiserstadt« in vielen ihrer Erzählungen vorkommt. 1983 erschien ihre erste Erzählsammlung, es folgten weitere Bände. Sie erhielt zahlreiche Auszeichnungen für ihr literarisches Werk, ein Roman wurde verfilmt *(The Moon at the Bottom of the Well).*
»Am Grabmal des Kaisers Tu Duc«* (»Die Legende vom Phönix«), aus: Hella Kothmann (Hg.): *Frauen in Vietnam. Erzählungen.* © für die deutsche Übersetzung Deutscher Taschenbuch Verlag, München 1994. Aus dem Vietnamesischen von Dietmar Erdmann und Pham Thi Hoai.

Gerhard Waldherr
geboren 1960, begann als Sportjournalist bei einer bayerischen Lokalzeitung, volontierte bei der *Süddeutschen Zeitung* und arbeitete später als Reporter beim *Stern.* 1996 ging er nach New York, wo er bis 2004 als freier Journalist tätig war. Seit 2005 lebt Waldherr in Berlin und arbeitet als Reporter unter anderem in der Mongolei, häufiger in Indien und Vietnam.
»Was alles in den Kochtopf wandert«* (»Vietnam – Was alles in den Kochtopf wandert«), aus: *Greenpeace Magazin,* 1/05. © Gerhard Waldherr, 2005.

Der Verlag dankt den Autorinnen und Autoren dieses Bandes bzw. deren Vertretern für die Überlassung der Abdruckrechte. Trotz intensiver Bemühungen konnten in einzelnen Fällen die Rechteinhaber nicht ermittelt werden. Sie werden gebeten, sich mit dem Verlag in Verbindung zu setzen.

Die Herausgeberin

Alice Grünfelder nahm nach einer Buchhändlerlehre und einem längeren Asienaufenthalt in Berlin das Studium der Sinologie und Germanistik auf. Als DAAD-Stipendiatin ging sie für zwei Jahre nach Chengdu, Provinz Sichuan in China. Zahlreiche Reisen führten sie nach Tibet, u. a. war sie als Dolmetscherin in Osttibet tätig. Ihr Studium schloss sie 1995 mit einer Magisterarbeit über neuere tibetische Literatur ab. Von 1997–1999 arbeitete sie als Lektorin beim Unionsverlag in Zürich, kehrte danach nach Berlin zurück, wo sie u. a. eine Agentur für Literaturen aus Asien gründete. Von 2004 bis 2010 betreute sie als Lektorin die Türkische Bibliothek im Unionsverlag. Seither leitet sie diverse Workshops rund ums Thema Schreiben, unterrichtet Sprache & Kommunikation und ist als freie Lektorin tätig.

Bildnachweis